Vaudeville 보드빌

vaudeville 보드빌

발 행 일 2024년 12월 2일 초판 1쇄 발행

지 은 이 조복행
발 행 인 이헌숙
북디자인 김학용
발 행 처 주)휴먼컬처아리랑
경기 양평군 옥천면 용천로 37
전 화 070-8866-2220
전자우편 thethinkbook@naver.com
등록번호 132-81-87282

www.휴먼컬처아리랑.kr

ISBN 979-11-6537-387-0 93300

재미있는 공연이야기 시리즈 2

미국 대중문화의 원류

보드빌 Vaudeville

조복행 지음

목차

3부. 보드빌 전쟁

4부. 보드빌의 쇠퇴

맺는 말

1부

보드빌이란 무엇인가?

1장 보드빌이란

1. 보드빌과 미국 엔터테인먼트 산업

보드빌은 온갖 종류의 버라이어티한 쇼, 서로간에 연관성이 없는 프로그램을 보여주던 엔터테인먼트[1]였다. 나이트 클럽 댄서에서부터 세기의 테너 엔리코 카루소까지, 애국적 코미디에서 무정부주의적 연예까지, 청교도적 기독교 정신에서부터 외설적 이야기까지를 망라한 폭넓은 대중연예였다.

보드빌은 1881년부터 1932년까지 50여 년간 미국 대중문화를 지배한 최초의 근대적 엔터테인먼트였다. 과거의 대중연예를 흡수하여 새롭게 개혁하고, 영화와 텔레비전에 왕좌의 자리를 인계함으로써 근대적 대중문화의 기틀을 마련한 교량과 같은 역할을 하였다.

미국의 공연산업과 엔터테인먼트 산업은 개별 장르단위로는 이해할 수 없다. 미국의 공연산업은 19세기부터 발전하기 시작하는데, 예술과 오락, 장르간의 경쟁과 협동이 혼재되어

*1) 여기서 보드빌을 여러 가지 용어로 표기했다. 보드빌은 공연이기도 하고 엔터테인먼트이기도 하다. 모든 공연은 오락성을 가지고 있기 때문이다. 이 책에서는 공연과 엔터테인먼트, 오락이나 연예, 대중연예(mass entertainment), 또는 쇼라는 용어도 사용했다. 이를 뭉뚱그려 흥행산업이나 쇼 비즈니스로 표기할 수도 있다. 보드빌 출연자는 보드빌리언 또는 연예인으로 표기했다.

있어서 복잡한 관계를 이루고 있다. 순수예술과 대중예술, 대중연극과 매스 미디어, 장르와 장르는 서로간에 영향을 주고 받으면서 성장한다. 여기에 당시의 사회문화적 특성과 시대정신, 테크놀로지와 미디어 기술이 가세한다. 따라서 개별 장르들의 역사와 현재의 위치는 물론, 장르간의 영향관계, 시대적 특성을 파악해야 그 모습이 드러난다.

외재적인 요인도 고려해야 한다. 글로벌한 차원에서의 문화의 흐름과 다른 문화권과의 교류가 영향을 주기 때문이다. 국제적으로 19세기 중후반은 벨 에포크(Belle epoque)[2)]로 상징되는, 가벼운 오락이 대중적 관심을 끌기 시작한 때다. 영국의 뮤직 홀[3)], 프랑스의 카페 콩세르[4)]와 카페 샹탕, 독일의 비어 가든, 그리고 미국의 보드빌이 거의 같은 시기에 탄생한 것은 결코 우연이 아니다. 도시화와 산업화의 진전으로 곳곳에 오락공간이 생겨났고 대중들은 오락의 즐거움을 이해하기 시작했다. 오락은 상업화되기 시작했고, 되도록 많은 시민들이 한꺼번에 즐길 수 있는 놀이공원(amusement park)과 같은 대규모 오락시설이 등장한다. 이를 즐거움의 혁명(pleasure revolution)이라고 부를 수 있다.

보드빌은 유연한 장르였다. 민스트럴 쇼, 서커스, 기형쇼, 콘서트 설룬, 다임 박물관[5)] 등 전통예능을 받아들여 이를 개량하고 발전시켜 탄생한 엔터테인먼트다. 새롭게 창안된 예술형식이 아니라 과거에 있었던 장르들이 대중의 취향에 맞

*2)
19세기 말부터 1차 세계대전 발발까지 프랑스가 사회, 경제, 기술, 정치적으로 번성했던 시대.

*3)
뮤직 홀에 대해서는 조복행 〈뮤직 홀〉 1,2권 (2022년, 휴먼 컬처 아리랑) 참조.

*4)
café-concert: 술과 가벼운 음악을 제공하던 프랑스의 오락공간.

*5)
Dime Museum. 기형 인간이나 기형적 동물 등 살아있는 진기(living curiosities)와 교육적 강연을 결합한 19세기 미국의 인기오락. 1다임(10센트)의 입장료를 받았다고 해서 붙여진 이름. P.T.바넘의 아메리칸 다임 박물관이 유명했다..

게 새로운 형식으로 변화한 것이다. 보드빌은 민스트럴 쇼의 구조와 프로그램을 차용했고, 다임 박물관과 서커스의 내용을 빌려왔다. 이들은 이미 보드빌의 요소들을 가지고 있었다. 다임 박물관은 기형쇼/전시회와 버라이어티 쇼를 하는 공간으로 나뉘어져 있었고, 서커스에도 아크로바트, 저글링, 동물 쇼 등 버라이어티가 있었다.

사실 이들 장르간의 차이가 명확한 것은 아니었다. 1890년대 후반까지 보드빌과 버라이어티를 공연하던 다임 박물관과 콘서트 설룬, 뮤직 홀을 정확히 구분하기가 쉽지 않았다. 1905년이 지나서도 영화를 상영하던 보드빌 극장과 영화관을 구분하기도 어려웠다. 이들 장르들은 서로 영향을 주고받으면서 합종연횡하면서 발전해 온 것이었다. 넓게 보자면 '버라이어티 가족'이라고 부를 수 있을 정도로 유사했다.

1880년대부터 불과 20여년 사이에 이들 장르들은 쇠퇴한다. 이집트의 메뚜기떼처럼 많다고 했던 메디신 쇼[6]단은 겨우 백여 개 남았고, 민스트럴 쇼도 10여 개, 다임 박물관은 거의 남아있지 않았고 콘서트 설룬은 아예 사라지고 말았다. 이 자리를 이어받은 것이 보드빌이었다. 영화는 처음에는 보드빌의 한 프로그램이었지만 결국은 대중문화의 왕좌 자리에 오른다. 보드빌은 이런 오락들이 합쳐져서 탄생한 장르였다. 뮤직 홀이나 카페 콩세르와도 다른, 다양한 문화가 혼합된 미국적인 엔터테인먼트였다.

*6)
메디신 쇼는 말 그대로 약을 팔기 위해 쇼를 하던 엔터테인먼트였다. 19세기 미국에는 엄청난 숫자의 메디신 쇼단이 전국을 돌아다니면서 약을 팔았다. 우리나라의 과거의 약장수와는 규모가 다른 거대한 엔터테인먼트 산업이었다. 발전하던 의학과 엔터테인먼트가 결합된 미국적 현상이었다.

19세기에는 아일랜드와 독일 문화를, 20세기 초에는 유대인과 이탈리아 문화를, 그리고 흑인문화를 전유한 혼종적인 대중문화였다. 미국을 멜팅 팟이라고 부르는 것처럼 보드빌은 멜팅 팟 엔터테인먼트였다.

보드빌은 거대한 산업이 되었다. 부의 축적을 최고의 목표로 삼았던 당시 미국적 자본주의의 결과였다. 많은 형태의 엔터테인먼트가 있었고 이들은 대부분 산업으로 발전했는데, 그 중에서도 보드빌은 가장 규모가 큰 산업이었다. 또한 19세기 초반부터 등장한 엔터테인먼트 사업가들, 예를 들면 민스트럴 쇼의 E.P. 크리스티와 P.T. 바넘 등의 공이 컸다. 이들은 이론이 아니라 실무를 통해, 실패와 시행착오를 통해 몸으로 익힌 경험을 바탕으로 엔터 산업을 개척해 나갔다. 특히 바넘의 기형쇼, 다임 박물관, 서커스 등의 운영방식은 당시 공연산업의 모델이 되었을 뿐만 아니라 후대에도 큰 영향을 미쳤다.

보드빌의 역사는 전면적 전쟁의 역사였다. 과거에 교회가 공연을 적대시했던 이념적 싸움과는 다른 상업적인 싸움이었다. 누가 가장 부유하고 크고 유명한가, 누가 누구를 제압하고 승자가 되는가를 다투는 쩐의 전쟁이었다. 산업을 독점하려고 한 키스-알비 서킷과 오르페움 체인의 싸움과 담합, 이에 저항한 독립 에이전트 윌리엄 모리스의 투쟁이 있었다. 또한 연극자본이 보드빌 산업에 침투하여 보드빌 자본과 싸운

전쟁이었다. 연예인은 부당한 대우에 대해 노조를 결성해 투쟁하였다. 경쟁, 협동, 담합, 회유와 협박, 사기, 차별, 배제 등 돈을 벌기 위한 온갖 암투가 있었다. 그러나 모든 사람들은 언제나 자신의 이익을 위해 싸웠다. 어제의 적이 오늘의 동지가 되고 오늘의 동지는 내일의 적이 되었다. 이익을 위한 이합집산이 거듭되었다. 보드빌 전쟁에서 가장 큰 무기는 블랙리스트였다. 이는 대단한 힘을 발휘했으며 많은 사람들에게 깊은 상처를 주었다. 이런 처절한 전쟁의 역사를 바탕으로 미국의 엔터테인먼트 산업은 성장했다.

2. 보드빌의 의미

전통적인 의미의 보드빌은 음악이 동반된 희극을 말하는 것으로, 19세기 후반 프랑스에서 시작되었다. 어원에 대해서는 여러 설이 있다. 첫째로는 '도시의 소리voix de ville'라는 해석, 둘째로는 15세기 프랑스의 올리비에 바셀린(Olivier Basselin)이라는 유랑시인이 술을 마시고 읊은 풍자시에서 유래했다는 주장이다. 보드빌은 술과 관계가 있었던 것이다. 세 번째로는 15세기 프랑스 노르망디 지역의 지역명인 비르 계곡(val de vire)에서 유래했다는 설 등이다. 그런데 이들은 오늘날의 보드빌과는 거의 관련성이 없다.

보드빌은 19세기 프랑스에서 시작된 대중연극이다. 철학적이거나 사색적인 연극이 아니라 순간적인 웃음과 오락을 제공하는 엔터테인먼트로, 프랑스의 불르바르 연극[7)]에서 대단한 인기를 모았다. 보드빌은 러시아로 건너가 20세기 초반 문학과 음악, 무용이 결합된 혼종적 장르로 재탄생하였고, 체홉과 같은 거장들이 보드빌의 창작에 나서기도 하였다. 보드빌은 미국에 도입되어 서로 관련성이 없는 짧은 오락들이 결합된 버라이어티 쇼로 거듭난다.

보드빌의 인기는 엄청났다. 보드빌 극장은 교회, 학교처럼 많은 대중들이 모이는 공적 공간이었다. 대부분의 도시에는 어김없이 보드빌 극장이 있었고, 노래와 춤, 스턴트에 재능이 있는 사람은 누구나 나이에 관계없이 보드빌 진출을 노릴 수 있었다.

보드빌은 단순한 인기오락이 아니라 광풍이었다. 1910년경 전국적으로 매주 약 500만 명이 관람하였고, 입장료 수입은 매주 31만 5천 달러(현재의 환율로 환산하면 약 140억원)에 달했다. 공연으로 부자가 된 많은 임프레사리오[8)]들이 있었다. 전국에 1,600여 개의 보드빌 극장이 있었다. 1914년 뉴욕의 5개 자치구(borough)에는 64개의 보드빌 극장이 있었고, 21개의 벌레스크 극장과 영화관에서도 보드빌을 공연했다. 뉴욕에서는 매주 70여만 명이 보드빌을 관람하였는데, 이는 뉴욕 인구의 16%에 해당하는 숫자였다. 윌슨 대통령부

*7)
18세기 후반부터 범죄의 거리라 불린 탕플가(Boulevard du Temple)에서 비롯된 대중연극으로, 불꽃놀이, 팬터마임 등 스펙터클한 볼거리와 드라마를 공연하여 인기를 모았다.

*8)
임프레사리오(impresario)는 이탈리아 오페라 산업에서 공연기획자를 의미하던 용어로 프로듀서, CEO, 공연 사업자 등의 뜻을 가지고 있다.

터 어린아이에 이르기까지, 남녀노소를 가리지 않았다. 그래서 보드빌을 의례라고 말하기도 한다. 인기가 높아지자 다른 장르의 연예인들이 모여 들었다. 유명 연예인, 배우와 오페라 가수, 셀럽들이 대거 등장했다. 헬렌 켈러, 야구선수도 출연하였다. 보드빌화(vaudevillization)현상이었다. 1896-1910년 사이에 약 200 개의 민스트럴 쇼의 연예인들이 보드빌로 전향하였다. 주로 코미디언과 가수, 댄서 등이었다.

보드빌은 미디어이기도 했다. 새로운 음악, 유행어와 조크, 뉴스 등을 전달하는 미디어였다. 틴 판 알리[9]는 보드빌로 달려와 음악을 홍보했고, 보드빌리언(vaudevillian, 보드빌 출연자)들은 새로운 음악을 전달했다. 새로운 상품이 나오면 보드빌리언이 소개했다. PPL이었다. 보드빌은 또한 패션과 디자인, 화장품, 보석 등 유행의 산실이었다. 스타들의 의상과 장신구는 곧 뉴욕의 유행이 되었다.

미국의 엔터테인먼트 산업은 19세기 후반부터 급격한 성장을 이룬다. 철강, 철도, 석유, 식음료 산업 등과 어깨를 겨룰 수 있을 정도로 활황을 보였다. 왜 이런 현상들이 발생한 것일까? 19세기 유럽에서 연극의 인기는 대단했고, 미국에서도 엄청난 인기를 누렸다. 19세기 중후반에는 연극과 함께 서커스, 와일드 웨스트 쇼[10] 등의 거대한 규모의 스펙터클한 쇼가 큰 인기를 누렸다. 보드빌은 이들 장르와 경합하면서, 나중에는 이들보다 훨씬 인기있는 대중연예로 성장한다. 미국의 보

*9) Tin Pan Alley. 19세기 후반에서 20세기 초반 뉴욕의 음악가와 음악 출판업자 집단을 말한다.

*10) 서부개척시대에 미군과 인디언 사이의 긴장, 당시의 사건, 버라이어티 등을 보여주었던 쇼로, 대형 야외공연장에서 공연되었다. 특히 유명했던 건 버팔로 빌 와일드 웨스트(Buffalo Bill's Wild West)로, 유럽에 8번이나 순회공연을 갈 정도로 스펙터클하고 리얼한 쇼였다.

드빌과 엔터테인먼트 산업의 성장에는 미국의 독특한 이민문화, 아메리칸 드림과 성공신화에의 열망, 그리고 경제성장의 힘이 컸다. 보드빌은 '지상최대의 엔터테인먼트 산업'이었다.

2장 보드빌의 탄생

1. 민스트럴 쇼-미국 대중연극의 기원

미국의 초기 이민자들은 레저를 즐길 여유가 없었다. 생존을 위해 먹을 음식을 찾고 비바람과 야생동물의 침입을 막을 피난처를 만들기에 바빴다. 미국에 엔터테인먼트가 시작된 것은 18세기 중엽 보스턴, 뉴욕, 윌리엄스버그 등의 도시가 문명화되고 부유해지면서부터다. 뉴욕에는 1798년에 파크(Park)극장이라는 최초의 공연장이 들어선다. 그 이후 기술의 발달, 지리적 이점 등으로 인해 뉴욕은 미국 엔터 산업의 중심지로 발전한다. 이를 촉진한 것은 교통의 발달이었다. 1825년에 뉴욕과 리버풀 간에 정기선이 운행되었고, 이리호 운하가 개통되어 인구가 폭발적으로 증가한다. 1820년에서 1835년 사이 맨하탄의 인구는 124,000명에서 27만 명으로 두 배 이상 증가한다. 엔터 산업의 발달을 촉진한 것은 이민자들이었다. 1845년에 발생한 아일랜드의 감자 대기근, 독일의 정정불안 등으로 많은 아일랜드인과 독일인이 미국으로 이주한다.

19세기 미국의 엔터테인먼트는 모두 버라이어티 쇼였다. 셰익스피어 극까지도 축약해서 대중화했다. 사라 베르나르는 1880-81년 첫 미국 순회공연에서 뒤마의 〈카멜리아의 여인〉을 각색한 〈카미유(Camille)〉를 공연했는데, 여기에 캉캉 댄서와 실로폰 연주자가 등장해 불편했다고 술회한 바 있다.

그런데 1830년대에 들어서면서 백인 앵글로 색슨 퓨리턴(WASP)을 대상으로 하는 정극(legit)과 노동자 계층을 대상으로 하는 대중예술로의 분화가 발생한다. 이를 촉진한 것은 아일랜드 이민자들이었다. 게으르고 술고래라는 멸칭을 가지고 있던 아일랜드인들은 변변한 일자리를 가질 수 없었다. '아일랜드인은 일자리를 찾지 말라(NINA, No Irish need apply)'는 광고문구가 버젓이 미디어에 등장하였다. 19세기 중엽까지 아일랜드인은 전체 이민의 절반을 차지할 정도로 많았고, 1855년 뉴욕 노동자의 86%가 아일랜드인이었다. 그들은 단순노동이나 허드렛일밖에 할 수 있는 일이 없었고, 중국인과 흑인 못지 않은 혐오범죄의 대상이었다. 그렇지만 아일랜드인은 과거의 관습을 답습하지 않고 새로운 문화창조에 적극적이었다. 유럽식의 고상한 전통을 고집하지 않고 혁신적인 변화에 적응하였다. 변변한 자국 문화가 없던 때 아일랜드인과 흑인, 유대인들이 미국 대중문화를 건설했다고 해도 과언이 아니다.

1828년 오하이오에서 T. D. 라이스(Rice)가 얼굴에 검은 칠을 하고, 마굿간에서 일을 하는 절름발이 흑인노예 역을 공연했다. 이 흑인노예의 노래와 춤 장면을 캐리커쳐한 것이 '뛰어라 짐 크로우 Jump Jim Crow'였고, 여기서부터 짐 크로우는 흑인의 멸칭으로 사용되기 시작했다. 짐 크로우법도 여기서 시작된 것이다. 그런데 이 블랙페이스 공연이 폭발석인 인기를 얻는다. 이를 민스트럴(minstrel) 쇼 또는 민스트럴시(minstrelsy)라고 한다. 민스트럴 쇼는 곧 남부와 서부는 물론이고 뉴욕의 바워리(Bowery)극장에 진출한다. 뉴욕에서 민스트럴 쇼의 인기는 대단해서, 라이스는 20번이나 앙코르를 받은 적이 있었다.

많은 민스트럴 쇼 연예인들은 아일랜드 계였다. 단 에메트(Dan Emmet), 단 브라이언트(Dan Bryant), 조지 크리스티(George Christy), 우리에게도 잘 알려진 〈스와니 강〉과 〈올드 블랙 조〉의 작곡가 스티븐 포스터(Stephen Foster)가 모두 아일랜드 계였다. 〈내 고향으로 날 보내주〉의 작곡가 제임스 블랜드(James Bland)는 흑인이었다. 힘든 노동에만 종사하고 있던 아일랜드인들에게 민스트럴시는 돈을 벌 수 있는 좋은 일자리였던 것이다.

민스트럴 쇼는 흑인의 삶을 표현한 공연으로, 흑인들의 노래와 춤이 등장한다. 랙타임, 재즈, 블루스 등의 원형이 민스트럴시에서 나온 것이고 이들은 아일랜드의 지그(Jig)나 클로그 댄스(Clog Dance)[11] 등과 결합하여 새로운 미국적 문화를 만들어나갔다. 그렇지만 민스트럴 쇼는 흑인들을 게으르고 미련하고 겁쟁이며 음탕한 종족이라고 표현했다. 인종주의가 작용하고 있었던 것이다.

민스트럴 쇼는 도입부, 올리오(Olio-메들리 또는 혼합), 극후극(afterpiece) 등 3부로 구성되었다. 도입부에서는 탐보(Mr. Tambo,탬버린), 사회자(Interlocuter), 보운즈(Mr. Bones, 방울이 들어있는 종 모양의 악기)가 반원형으로 앉아 노래와 코미디를 한다. 2부 올리오는 민스트럴 쇼의 핵심부분으로 노래. 춤.코메디 등의 버라이어티 쇼로 구성되었다. 3부 극후극(afterpiece)은 남부의 농장에서 벌어지는 상황을 짧은 드라마로 만든 것으로 여기에도 노래와 춤이 등장한다. 빅 타임 보드빌의 3부 구조는 민스트럴시에서 차용한 것이다. 민스트럴 쇼는 당시 가장 인기있는 엔터테인먼트로 벌레스크나 보드빌 등 다른 장르의 발생에도 영향을 미친다. 민스트럴 쇼는 대중들의 고단함을 달래주는 엔터로서만이 아니라 발전하던 미국사회의 모습과 미국인들의 삶을 표현함으로써 미국에 대한 애정과 정체성을 갖게 하였다. 민스트럴시는 미국 대중문화의 기원이라고 말할 수 있다.

*11) 영국 북부와 웨일즈 지역에서 노동자들이 노동의 스트레스를 풀기 위해 추었던 춤. 나무로 된 나막신을 신고 추었다.

2. 콘서트 설룬과 다임 박물관

일반적으로 보드빌은 1881년을 출발점으로 삼고 있는데 그 기원과 탄생 시기를 정확히 말할 수는 없다. 보드빌이 본격적으로 시작된 1880년 이전에 보드빌과 유사한 쇼들이 술집이나 허름한 극장에서 공연되고 있었다. 이를 '버라이어티'라고 하였다. 이미 1840년대 말 또는 1850년대 초에 보드빌 하우스가 탄생했다는 주장도 있고 60년대에 시작되었다는 설도 있다. 보드빌이라는 용어는 1860년대부터 산발적으로 사용되고 있었다. 보드빌의 개척자 토니 패스터(Tony Pastor)는 보드빌이라는 말이 파리와 연관된 세련되고 낭만적인 문화를 연상케 하고, 품위있는 예술처럼 들려서 즐겨 사용했다고 말한다. 이 때 살롱, 카페, 벌레스크, 레뷔, 폴리, 캬바레 등 많은 프랑스어가 공연계에 도입되었다. 그리고 당시 뉴욕에서 가장 인기있는 코미디 극장은 시어터 코미크(theatre comique)였다. 프랑스라는 문화선진국의 이미지를 선호했던 것이다.

뮤직 홀이 펍이나 태번이라고 불리던 술집에서 발생한 것처럼 보드빌은 벌레스크 하우스, 버라이어티 홀 또는 콘서트 설룬(concert saloon)이라고 불리던 술집을 중심으로 태동한다. 이를 홍키 통크(honky tonk)라고도 하였다. 콘서트 설룬과 다임 박물관은 이웃해 있었다. 술을 마시고 다임 박물관에

가는 것이 노동자들의 생활패턴이었다. 시오도어 드라이저는 〈시스터 캐리〉에서 당시의 주류사업은 황금알을 낳는 거위라고 말하고 있는데, 당시의 대중들은 오늘날보다 훨씬 술을 많이 마셨고 이는 오락과 관계가 있었다. 이는 18-19세기 영국의 상황과도 유사하고, 일본의 에도 시대에 가부키 극장과 술집, 사창가가 인근해 있던 현상과 같다. 술과 오락은 불가분의 관계에 있는 모양이다.

1820년경부터 증류주 기술이 발전하여 값싼 위스키가 공급된다. 술과 음식을 먹고 담배를 피던 조용한 분위기의 태번이 점점 술을 파는 가게로 변해갔다. 이를 설룬이라고 불렀다. 1850년경부터 정교한 쇼가 이들 콘서트 설룬에서 공연되었다. 남북전쟁 후에 뉴욕에 300여 개의 설룬이 성업중이었다. 이 중에서 보드빌과 가장 가까웠던 술집은 콘서트 설룬이었다. 콘서트 설룬은 영국의 펍이나 뮤직 홀과 유사했다. 뮤직 홀, 콘서트 홀 또는 프리 앤 이지(Free and Easy)라는 이름을 붙인 곳도 있었다. 1850년대부터 뉴욕에서 유행했다. 여기서 술과 오락, 매춘을 제공하였다. 손님은 대부분 노동자와 군인, 무직자 등이었다. 당시 뉴욕에는 뉴욕출신 군인과 뉴 잉글란드에서 온 연방군이 전쟁(남북전쟁)투입에 대비하고 있었고, 이들이 전쟁 스트레스를 해소할 수 있는 곳은 콘서트 설룬이었다. 1860년대에 콘서트 설룬은 버라이어티 쇼를 제공하면서 엄청난 인기를 얻는다. 이는 뉴욕은 물론 버지니아,

피터스버그 등 인근 도시로 확산되었고, 모든 개척도시에는 콘서트 설룬이 등장했다. 어떤 곳은 싼 입장료를 받기도 했지만 대부분은 무료 입장이 가능했다. 대신 이들은 술과 음식, 도박장 운영 등으로 수입을 올렸다.

콘서트 설룬은 무질서한 최악의 유흥업소로 악명이 높았다. 사기꾼, 도둑, 강도 등이 수시로 드나들었고 잘못하면 날아다니는 술잔에 맞을 수도 있었고, 때로는 총소리가 들리기도 했다. 술을 팔았고 매춘과 도박이 벌어졌다. 이를 위해 프라이빗 룸이라는 공간을 두었다. 웨이터 걸이라고 불리던 여성들은 대부분 매춘부였다. 어떤 곳에는 100명이 넘는 댄서도 있었다. 이들은 반 누드와 음탕한 자세로 손님을 유혹하였다. 홀은 어두웠고 가래를 뱉거나 술을 흘리면 쓸어담기 위해 타구를 놓아두었고, 바닥에는 흘린 술이나 음료를 흡수하기 위해 톱밥을 뿌려놓았다. 강도, 절도 등의 범죄도 발생했다. 그러자 뉴욕에서는 신문들이 이를 비판하였고, 1862년에 〈대중연예 규제법〉을 발의한다. 내용은 1)모든 유흥업소의 적법한 허가취득, 구술연극 금지 2) 와인, 맥주 등 술 판매 금지 3) 여성고용 금지 등이었다. 그러나 경영자들은 편법을 사용하거나 지하로 숨거나 정치적 연줄을 이용하여 단속을 피해 나갔다. 규제는 유명무실해지고, 다시 과거의 경영방식으로 돌아갔다. 결국 뉴욕 시당국은 1886년에 900여개의 콘서트 설룬을 폐쇄했다.

1880년대 뉴욕에는 4개의 보드빌 극장이 있었는데 이들 중 셋은 콘서트 설룬 주인들이 보드빌 공연장으로 바꾼 것이었다. 이런 역사로 인해 보드빌은 음주와 매춘 등의 좋지 않은 이미지를 지니고 있었다.

다임 박물관도 매우 지저분하고 기괴하고 무질서했다. P.T. 바넘은 1841년 스커더 뮤지엄을 구입하여 아메리칸 뮤지엄으로 바꾼다. 여기서 바넘은 깨끗한 박물관 강의를 도입한다. 술을 금지하고 교육적인 강의를 하면서 저글러, 가수, 댄서, 마술사, 바이올린 연주자, 레슬러 등을 출연시켜 오락성을 강화한다. 보드빌의 한 지류가 다임 박물관이었던 것이다. 점잖은 사람들이 혐오하던 것으로부터 새로운 사업의 싹을 보게 된다.

B.F. 키스는 1886년 보스턴에서 다임 박물관을 공연장으로 바꾸고 보드빌을 시작했는데, 버라이어티 쇼와 다임 박물관 쇼, 연극 등을 번갈아가면서 공연했다.

버라이어티가 콘서트 설룬에서만 이루어진 것은 아니었다. 19세기 중후반에 많은 뮤직 홀, 오페라 하우스[12], 버라이어티 극장, 오데옹(odeon)[13]이 버라이어티를 보여주었고, 이들 사이의 경계도 불분명했다.

*12)
19세기 미국의 오페라 하우스는 메트로폴리탄과 같은 본격적인 의미의 순수 오페라 공연장이 아니라 일반적인 공연을 하던 공간을 말한다. 극장(theatre)대신 오페라 하우스를 사용한 것은 당시 극장은 복싱 시합이나 에로틱한 춤 등을 공연하던 무질서한 곳이어서 이와 구별하기 위해서였다.

*13)
원래의 뜻은 그리스 로마 시대에 음악을 연주하던 공연장을 말하는데, 현대에 들어와서도 콘서트 홀이나 강연장을 의미하는 말로 사용되고 있다. 파리에는 오데옹 극장이 있고, 미국과 영국에도 오데옹이라는 이름을 가진 콘서트 홀들이 있다.

3. 토니 패스터

콘서트 설룬의 분위기는 남북전쟁 직후부터 변화한다. 가족 전체가 관람할 수 있는 공연이 생겨났다. 또한 버라이어티 극장과 뮤직홀이 생겨 콘서트 설룬을 구축하기 시작한다. 극장은 이제 더 이상 술집에 딸린 공간이 아니라 오히려 술집이 극장에 부속된 공간이 되기 시작했다. 술과 담배를 금지하고 여성입장을 허용한다. 극장 경영자들이 극장의 혼란을 정리하고자 노력했고, 이런 오락에 보드빌이라는 이름을 붙였던 것이다.

1890~1910년 사이 동부의 보드빌 산업에는 여러 명의 유력한 임프레사리오들이 있었다. 토니 패스터, 코스터와 비알, 키스-알비, F. F. 프록터, 실베스타 폴리, 오스카 해머스타인, 윌리엄 퍼시 등이 경쟁하고 있었다. 한편 이들과는 달리 윌리엄 모리스(William Morris)는 배우의 섭외와 관리를 담당하는 에이전시를 운영하고 있었다. 아티스트 에이전시였다.

이 중에서 1세대 보드빌 임프레사리오로서, 보드빌의 정화작업, 합리화를 시작한 것은 토니 패스터였다. 그는 저속한 노동자의 오락이었던 버라이어티 쇼를 누구나 즐길 수 있는 품위있는 장르로 발전시킨 보드빌의 개척자였다. 그래서 그의 별명은 '보드빌의 아버지'였다. 그의 목표는 '건전한 보드빌(polite vaudeville)'의 정착이었다. 패스터는 1865년에 바워리가에 처음으로 자신의 이름을 딴 〈토니 패스터 오페라 하우스〉를 열고 민스트럴 쇼를 공연했다. 샘 샤플리와 함께 자신의 공연단을 구성하여 순회공연에 나섰다. 1881년에 유니온 스퀘에의 타마니 홀로 본거지를 옮겨서 1908년까지 운영하면서 보드빌 산업의 토대를 구축하였다. 그는 서커스단의 링마스터로 연예계에 데뷔한 뒤 나중에 버라이어티 쇼의 기수가 된 엔터테이너 출신이었다.

그는 스타를 매우 중요시했다. 보드빌 초기 많은 스타들을 길러낸 임프레사리오였고, 스타를 영입하기 위해서 영국과 유럽을 자주 방문했다. 그래서 그의 극장은 '스타의 집'으로 불렸다. 그가 배출한 스타들은 커넬 형제(Kernell Brothers), 냇 굿윈(Nnat Goodwin), 웨버와 필즈(Weber and Fields), 메이 어윈(May Irwin) 그리고 19세기 후반의 최고의 스타 릴리안 러셀(Lillian Russell) 등이 있다.

그는 바워리가의 독재자로 불렸다. 극장의 운영과 프로그램의 내용, 의상과 세트 등을 일일이 점검했다. 공연 중에는 무대 뒤에서 공연진행도 확인하였다. 그는 인정많고 관대한 사람이었다. 곤경에 처한 배우를 외면하지 않았다. 어느 날 신문에서 솔트 레이크 시티에서 공연하다가 파산한 극단이 오도가도 못하게 되었다는 기사를 읽고 여비를 보내주기도 했고, 돈을 빌려주고 차용증을 받지 않는 경우도 많았다. 젊은 연기자를 끊임없이 격려해 주었다. 신인배우에게는 아버지같은 존재였다. 무대에 올라 관객들에게 배우들을 소개하고 칭찬하기도 하였다. 릴리안 러셀이 패스터의 오디션을 통과한 날, 그녀의 남루한 옷을 보고 50달러를 빌려주면서 앞으로 나에게 개런티를 받아 갚으라고 했던 일화는 유명하다. 바닥의 톱밥을 손수 쓸고 어린이에게는 크리스마스 선물을 주었고, 계약만료 전에는 누구도 해고하지 않았으며 나이든 오케스트라 단원들도 해고하지 않았다. 그래서 배우들은 질병이나 어려움에 처하면 패스터에게 연락했고 그들의 부탁을 거절하지 않았다.

1882년에는 배우기금(Actor's Fund)[14] 후원자가 되기도 하였다. 여성의 권리에 대해서도 개방적 태도를 취했다. 티켓판매 증대를 위해서이긴 했지만 여성들을 위해 토요일 낮공연(마티네)을 신설했고 여성과 어린이들을 위해 수요일 마티네도 추가하였다.

4. 소비주의

대중문화는 사회의 소비패턴을 견인하고, 분산된 대중들의 관심을 집중시킨다. 백화점에 여성들이 관심을 갖는 것처럼 극장과 연극, 대중적 오락공간은 유행을 창조하고 확산시키는 곳이다.

*14) 배우들의 복지를 위해 1882년 설립. 나중에 연예공동체 펀드(Entertainment Community Fund)로 변경되었다.

엔터테인먼트는 돈과 사람이 모이는 곳에서 발전한다. 보드빌이 탄생한 때는 경제적으로 사회적으로 엄청난 발전과 변화의 시기였다. 근대적 금융 시스템이 작동하면서 본격적인 자본주의 시스템이 확립되었고 광고와 신문, 잡지 등 커뮤니케이션 기술도 획기적으로 변화했다. 과거에는 꿈도 꾸지 못하던 새로운 물건들이 대량 생산되었다. 대량생산은 대량소비를 낳았고, 이를 촉진한 건 전국적 유통점의 탄생이었다. 부자들은 소비를 통해 계급적 차이를 드러내고자 하였는데 소스타인 베블렌의 1899년 저작, 〈유한계급론〉이나 1920년대에 나온 피츠제럴드의 〈위대한 개츠비〉는 벼락부자들의 소비행태를 비판한 책이었다. 특히 1차 대전이 끝난 직후인 '광란의 20년대(roaring twenties)'에는 전화, 라디오, 영화 등 많은 현대적 발명품이 등장하였고 마천루로 인해 도시의 스카이라인이 하루가 다르게 변화했다. 라이프 스타일이 변했고 문화소비는 증가했다. 재즈의 시대가 열렸고, 찰스턴 등 댄스열풍이 불었으며, 대담하고 자유로운 패션이 유행했다.

소비주의는 이미 1869년 대륙횡단철도 부설 이후부터 그 맹아가 싹트고 있었다. 1860년대부터 30년간 미국은 경제적으로 급격한 성장을 이룩한다. 엥겔스의 표현에 의하면 '스스로 화들짝 놀랄만큼' 유례없는 성장이었다. 그렇지만 성장의 뒤안에는 심각한 불공정과 불평등, 노동착취와 배금주의가 있었다. 마크 트웨인은 1865년 남북 전쟁 직후부터 1893

년까지 약 30년간을 도금시대(gilded age)라고 불렀다. 그리고 도금시대의 특징을 사상 유례없는 호황과 배금주의, 물질주의로 비판했다.

• 도금시대

도금시대에 미국은 산업화와 도시화가 급속도로 진행된다. 대도시에는 공장들이 증가하고 상업이 발달하면서 많은 사람들이 도시로 이동한다.

철도, 공장, 광업 등 산업과 기술의 발전은 괄목할만했다. 1869년부터 1900년까지 미국의 국민소득은 평균 2.1% 성장했다. 1873, 1884, 1893년에 간헐적인 불황이 있었지만 대체로 엄청난 경제성장을 이루었다. 노동자들의 임금이 대폭 높아진다. 1860년부터 1890년까지 임금상승률은 60%에 달했다. 이는 대규모 이민을 불러왔다.

반면에 경제성장은 빈부격차를 초래했다. 노동자들의 근로조건은 매우 열악했다. 광업, 철도 노동자들은 노조를 결성하여 대규모 파업을 벌였다. 1877년 철도 노동자들의 파업은 45일간 계속되었고, 수백 명의 사망자가 발생했다. 광산파업 역시 자주 발생했고 목수나 구두제조공, 담배제조공 들의 파업도 수시로 벌어졌다. 이 시대를 더욱 암울하게 만든 것은 강도귀족(robber baron)이라 불린 탐욕스런 자본가들이었다. 이들은 돈을 벌기 위해 수단과 방법을 가리지 않았던 악덕 기업인들이었다. 카네기나 록펠러, 철도왕 스탠포드, 금융자본가 J.P. 모건 등이 모두 강도귀족들이었다. 이들은 트러스트를 결성해서 경쟁자를 배제하고 이익을 독점했다.

돈은 최고의 가치였다. 돈은 명예를 수반했고 권력까지 움켜질 수 있었다. 돈을 벌려는 광적인 욕망이 세상을 뒤덮었다.

• 소비주의

산업화와 도시화는 노동자들의 오락욕구를 자극했다. 힘든 노동에 지친 근로자들을 위로하는 것은 술과 휴식, 오락이었다. 보드빌이 공전의 인기를 얻게 된 것은 보드빌의 재미 때문만이 아니라 경제적 능력을 갖춘 중산층이 형성되어 있었기 때문이다. 1870년부터 1910년까지 중산층은 무려 8배가 늘어 5백만 명에 육박했다. 이들은 대량소비시장을 형성했다. 보드빌은 이들 백인 화이트 칼라에게 과거에 대한 향수, 공동체 의식, 성적 자극, 기억, 화제거리를 제공했다.

보드빌의 시기는 예술적으로는 모더니즘의 시기였다. 에즈라 파운드는 모더니즘의 슬로건을 '새롭게 하라 Make it new'로 정의했다. 사실 이 문구는 중국 은 왕조의 시조인 탕(湯)왕의 목욕탕에 새겨진 일신우일신(日新又日新)에서 빌려온 것이다. 경제와 과학기술의 괄목할만한 발전과 지식혁명은 세상에 대한 예술가들의 인식을 바꾸어놓았고 새로운 표현양식을 요구했다. 마천루, 자동차, 전화, 비행기 등 최신 기술은 미국인들의 인식체계를 바꾸어 놓았다. 이런 문예현상을 모더니즘이라고 부른다. 세상을 새롭게 보는 운동이었다. 보드빌의 특징 중 하나는 모더니즘 예술가들이 사용하던 표현방법을 사용하기 시작했다는 점이다. 자신에 대한 사랑, 관객과 연예인의 관습에 대해 의심하기, 새로운 소리와 운동, 시각적 스펙터클과 동화하는 능력 등이었다. 보드빌은 자연스럽지만 인공적이기도 하였다.

보통 모더니즘은 순수예술에 적용되는 것이고 대중문화에는 영향이 거의 없다고 보는 경향이 있다. 그러나 보드빌은 모더니즘의 민주화된 형식이고, 다른 프로그램을 변형한 것이거나 패스티슈한 것이다. 달라진 것은 스타일이다.

소비주의를 견인한 것은 보드빌이었고, 그 중에서도 스타였다. 무대에 오른 스타들은 명성, 부, 유행, 그리고 대중의 취향을 반영하는 소비주의의 상징이었다. 스타들은 새로운 상품의 모델이 되었고 대중들의 취향을 이끄는 표준이 되었다. 아네트 켈러만(Annette Kellerman)은 수영복, 노라 베이스(Nora Bayes)는 담배광고, 발레스카 수라트(Valeska Suratt)는 화장품 모델이 되었다. 중산층 귀부인들은 유행을 확인하고자 보드빌로 달려갔다. 보드빌은 백화점이 온갖 상품을 판매하는 것처럼 온갖 종류의 문화상품을 판매하는 엔터테인먼트였다.

여성들의 권리도 서서히 신장된다. 아직은 본격적인 여권

신장으로 이어지지는 못했지만 참정권 논의도 이루어졌고, 사회참여도 늘어난다. 여성 소비자들의 소비주의는 보드빌에 투영되었다. 당시 관객의 35% 정도는 경제적 여유가 있는 중산층으로 전문직 여성들도 많았다. 특이한 소비자는 마티네 걸(matinee girl)로 불리는 젊은 여성들로, 부유한 10대 관객을 일컫는 말이었다. 이들은 차양이 큰 모자에, 초콜릿과 크림색 백을 들고 무대에서 가까운 좌석에 앉아 스타가 등장할 때까지 계속 재잘거리곤 하였다. 마티네 걸들은 가장 열렬한 보드빌 팬이었다. 이들은 스타의 자필서명과 사진을 모으고 프로그램 북을 수집하면서 공연 후에는 무대 뒤에 가서 스타가 나오기를 기다렸다. 오늘날 우리나라의 뮤지컬 회전문 관객과 같은 여성 관객의 관람행태가 이미 120년 전 미국에 존재했던 것이다. 마티네 걸은 보드빌보다는 정극에 더 많았다. 당시의 스타 소던(E.H. Sothern)이나 로버트슨(Forbes Robertson)같은 스타들은 마티네 걸들의 우상이었고, 마티네 걸들은 이들의 공연을 반복적으로 보았다. 보드빌에는 이런 로맨틱한 스타들이 없었기 때문에 마티네 걸의 숫자는 적었지만 이들은 보드빌에 대한 관심을 높이는 데 일정한 역할을 했다. 여성 출연자를 선호하던 마티네 걸도 있었는데, 이들은 연기보다는 옷이나 모자같은 패션이나 화장품 등에 관심이 많았다. 마티네 걸은 부유한 여성과 가난한 여성, 어린 소녀로부터 중년 여성, 잘 차려입은 숙녀 등 다양한 출신의 여성들이었다. 보드빌 여성관객은 정극의 마티네 걸보다 더 다양했다. 티켓 가격이 저렴했고 더 버라이어티한 관객들을 유인했기 때문이다.

3장 건전한 보드빌

1. 합리적 오락

18-19세기 산업혁명기 영국에서 등장한 합리적 오락(rational recreation)이라는 개념은 무질서하고 혼란스런 여가활동과 오락을 질서있는 오락으로 바꾸자는 운동이었다. 아무 데서나 벌어지는 스포츠나 엔터테인먼트를 정해진 공간에서 수행하고, 레저활동 중에는 무질서한 행태를 버리고 질서있고 품위있게 향유하자는 것이었다. 이를 위해서는 행정당국의 단속과 지원이 필요했고 소비자의 협조도 필요했다.

한편 노동자를 고용하고 있는 경영자의 입장에서는 노동자들이 오락을 통해 에너지를 충전한다는 목표를 가지고 있었다. 고단한 노동자들에게 휴식과 오락을 부여함으로써 노동을 보다 효율적으로 수행하게 하려는 실용적이고 이기적인 목적이었던 것이다.

그런데 오늘날의 합리적 오락의 개념은 적극적인 방향으

로 변하고 있다. 소비자들이 오락을 보다 적극적으로 향유하여 지식을 습득하고 자기표현을 강화함으로써 자기향상을 꾀하는 것, 단순한 기분전환을 위한 여가가 아니라 여가를 통해 나의 발전과 사회적 정체성의 강화를 도모하는 적극적 레저 활동으로 바뀐 것이다.

합리적 오락의 개념은 소비자의 입장에서만 생각할 것이 아니라 오락의 구조와 공간, 생산의 전과정을 포함한 전체적인 시각에서 바라보아야 한다. 전통 공연은 생산과정, 공연장의 구조와 분위기, 관객의 관람태도에서 매우 비합리적이었다. 비윤리적이고 반사회적인 행위들이 버젓이 극장내에서 벌어졌고, 관객들의 관람태도는 매우 무질서했다. 이런 비합리를 합리적으로 변화시키자는 운동이 합리적 오락 운동이다.

공연산업에서 합리적 오락운동은 오랜 세월동안 있어 왔지만 특히 19세기에 집중적으로 벌어진다. 그리고 이 운동에는 공연사업자와 정부에서 적극적으로 나선다. 생산자는 생산성의 향상을 위해, 정부는 건전한 사회를 만들기 위해서였다.

2. 토니 패스터의 개혁

뮤직 홀과 보드빌에서 무질서를 바로잡기 위한 범사회적 노력이 뒤따랐는데, 영국인들은 이를 품위있는(respectable) 뮤직 홀이라고 불렀고, 보드빌에서는 건전한(polite) 보드빌이라고 불렀다. 벌레스크[15]에서는 '깨끗한 벌레스크' 운동이 벌어졌다. '건전한 보드빌'이라는 용어는 1890년대 중반에 태어났다. 이를 노르베르트 엘리아스의 문명화 개념을 차용하여 공연의 '문명화'라고 부를 수 있다. 공연의 문명화는 당시 모든 관계자들의 숙제였고, 상업적인 성공을 위한 필수적 조건이었다. 상업이나 돈벌이는 피괴적이고 타인의 이익을 해치는 비도덕적 행위라는 오래된 시각이 있었다. 그러나 몽테스키외는 상업을 찬양했다. 상업이 있는 곳에 온화한 습속이 자란다는 것이다. 상업은 야만적 습속을 도덕적이고 윤리적으로 바꾸는 효과가 있다. 파는 자와 사는 자, 생산자와 소비자 사이에는 상호작용이 발생하며 양보와 타협, 상호존중의 정신이 높아지기 때문이다. 돈을 벌기 위해서는 좋은 상품을 만들어야 하기 때문이다.

깨끗하고 정직한 상품이라는 개념은 당시의 시대적 정신이었다. 대량생산품은 비숙련노동자들이 만든 불량품으로 오해할 소지가 있었고, 따라서 브랜드가 중요했다. 광고를 통해 익숙해진 브랜드는 최상급의 상품으로 인정받을 수 있는 것이다. 스타도 그런 종류의 상품이다.

시어즈나 로벅과 당시의 도매상들은 전국을 대상으로 우편판매를 하였다. 이들은 정직, 보증 등의 용어를 사용하여 소비자에게 어필했다. 당시의 광고 카피에는 순수, 건전함 등의

*15)
원래는 풍자극을 의미했는데, 19세기 후반 미국에서 버라이어티 쇼 형식의 외설적인 쇼나 여성 스트립쇼를 뜻하는 말로 사용된다. 그래서 다리 쇼(leg show) 또는 보드빌의 마이너리그라는 별칭을 얻기도 하였다. 1860년대부터 1940년대까지 인기가 높았으며 카바레, 클럽, 극장에서 인기를 얻었다.

용어가 많이 사용되었다. 이렇게 건강, 순수, 건전함 등을 강조하는 광고를 치료 광고(therapeutic ad)라고 불렀다. 당시 청결이나 신체적 건강함, 위생적인 생활환경이라는 주제는 전사회적인 이슈였고, 비위생적이고 더러운 것은 부도덕과 동일한 것으로 인식되었다.

토니 패스터의 큰 공적은 건전한 보드빌의 확립이었다. 외설스런 말, 욕설, 종교를 모독하는 불경한 말 등을 금지했다. 이런 조치는 무대 위의 연예인과 관객에게 똑같이 적용되었다. 어떤 극장에서는 빨간 플래널 셔츠를 입거나 수염을 기른 관객에게는 티켓을 팔지 않았다. 관객은 단정한 옷차림을 해야 했다. 극장 내에서 질서를 위반하는 관객은 경찰에 끌려가는 일도 있었다.

건전한 보드빌의 목적은 관객 개발이었다. 콘서트 설룬의 주고객은 남성이었고, 이들은 일탈적 경향이 있는 노동자 계층이었다. 무질서한 극장에 중산층이나 엘리트 관객은 물론이고 여성과 어린이, 일반적 노동자 계층이 들어오지 않는 것은 당연한 일이었다. 패스터는 남녀노소 누구나 관람가능한 쇼를 구상하였다. 보드빌에는 남성 관객이 많았다. 1910년의 뉴욕 저녁 관객의 3분의 2 이상이 남성이었다. 그는 여성들을 위해 마티네(matinee, 낮공연)를 신설하였고, 여성의 날을 제정하여 여성관객들에게는 석탄이나 설탕 등 생활용품을 선물로 주었다. 낮에 마티네를 가는 남성관객은 학생이나 일시적 뉴욕 방문자, 약간의 약속 시간을 남겨놓은 비즈니스맨 등이었다.

패스터는 1874년에 브로드웨이에 극장을 구입했고 이를 계기로 극장의 합리화를 시도했다. 음란한 내용의 공연은 없애버렸고 술을 팔지 않았으며 극장내 소란과 무질서, 풍기문란 행위를 단속했다. 그 때까지만 해도 보드빌 극장에도 매춘부들이 출입하곤 하였다. 그의 보드빌은 중산층으로부터 높은 호응을 받았고 인기있는 오락으로 바뀌었다. 그의 극장개혁은 다른 공연기획자들의 벤치 마킹의 대상이 되었고, 극장운영의 표준으로 자리잡았다.

가족오락이 확실한 흥행카드라고 생각했던 건 토니 패스터만이 아니었다. 패스터 이전의 많은 임프레사리오와 패스터의 동시대 임프레사리오들의 공통된 생각이었다. P.T. 바넘은 이미 1850년대부터 그의 다임 박물관에서 깨끗한 박물관 강의를 진행하고 있었다. 콘서트 설룬에서 출발한 헨리 클레이 마이너(Miner), 코스터와 비알(Koster and Bial), 그리고 다임 박물관에서 엔터테인먼트 사업을 시작한 키스, 버라이어티 극장 출신의 프록터(F.F. Proctor), 하이드와 베만(Hyde and Behman) 등이 모두 같은 고민을 했다. 교회와 목사들은 술의 폐해를 강조하면서 건전한 사회기풍을 진작해야 한다는 청교도 정신을 강조하였고, 이런 사회분위기도 보드빌 극장을 정화하는 압력으로 작용했다. 독실한 카톨릭 신자였던 패스터는 아마도 종교적 이유에서도 건전한 오락을 제공하려 했을지도 모른다.

3. 키스와 알비

토니 패스터가 보드빌의 개척자였다면 키스(B.F. Keith, 1846-1914)와 알비(E.F. Albee, 1857-1930)는 이를 본격적인 엔터테인먼트 산업으로 키운 보드빌의 황제였다. 이들이 만든 규율과 제도는 보드빌 산업을 좌지우지했다.

키스의 부모는 스코틀랜드 계 이민자로 아버지는 대장장이를 하면서 소극장을 운영했다. 어머니는 프랑스 위그노 교도의 혈통을 지니고 있어서 키스는 기독교의 영향을 받는다. 키스는 어릴 때 집을 떠나 농장에서 일을 했다. 스코틀란드 이민의 근검절약 정신과 농장생활에서 얻은 인내와 절약정신이 몸에 배어 있었고 끈질기고 민첩한 성격으로 장사에 재주를 보인다. 20대부터 서커스, 다임 박물관 등에서 대중연예 사업을 경험한 뒤, 1883년 보스턴에서 다임 박물관을 운영하면서 엔터테인먼트 산업에 첫 발을 내디딘다. 다임 박물관의 핵심 콘텐츠는 기형쇼였는데, 기형적 인간을 찾기는 어려운 일이었다. 키스는 콘텐츠의 발굴과 다른 임프레사리오와의 차별화 전략이 매우 중요함을 깨닫는다.

키스와 알비의 모든 조치들은 보드빌의 상업적 성공을 위한 것이었다. 그들은 패스터가 도입한 건전한 보드빌을 더욱 보완하여 극장의 합리화를 도모했다. 과거의 무질서한 극장을 화려하고 거대한 극장으로 바꾸었고, 관객의 행동도 엄격하게 통제했으며 출연자에 대해서는 가혹할 정도로 엄격한 평가를 통해 공연의 질을 유지해 나갔다.

알비는 1857년 기독교 가정에서 태어나 4살 때 보스턴으로 이사하여, 신문팔이. 상점점원 등을 하였다. 12살 때 정규교육을 중단하고 백화점에서 우연히 만난 어떤 신사를 따라 배우가 된다. 알비는 16살에 집을 떠나 몇몇 서커스단에서 일한다. 특히 P.T.바넘의 〈지상최대의 쇼〉에서 티켓판매, 선발대[16] 등의 경험은 훗날 다른 공연기획에 큰 도움이 된다. 아마도 쇼맨이 될 운명이었던 것 같다. 알비는 키스를 1884-5년 바넘 서커스단에서 만났는데, 키스는 자기보다 11살 어린 알비를 잡무를 처리하는 총무로 채용한다.

알비는 매우 엄격한 성격이었다[17]. 그는 키스의 지시에 따라 극장청결과 질서유지에 특히 주의를 기울였다. 청결과 질서가 곧 돈이라고 생각했다. 공연 전에는 탈모.정숙.존경의 박수등 관객의 주의사항을 반드시 공지했다. 키스는 1892년에 알비를 총책임자로 임명하였고, 알비는 키스의 오른팔이 되어 키스 사후에도 키스-알비 서킷을 관리하였다.

알비는 보드빌 서킷을 구성하여 이익을 독점하려 했고, 통

*16) P.T. 바넘은 철도로 이동하면서 공연했던 자신의 서커스를 〈지상 최대의 쇼〉라고 불렀다. 엄청난 동물과 인력이 동원되는 스펙터클한 서커스였다. 선발대는 사전에 현지에 가서 공연장 사정이나 지역의 특성파악, 홍보 등을 담당했던 사람을 말한다.

*17) 영국의 뮤직 홀 신디케이트 중 가장 큰 조직은 모스 제국(Moss Empire)이었고 총책임자는 오스왈드 스톨(Oswald Stoll)이었는데, 그 역시 강인한 성격이었다. 그는 술과 담배는 입에 대지 않았고, 도덕을 중히 여겼다. 그러나 자신을 비판하는 간부는 가차없이 해고했다.

합예약 사무소를 조직하여 출연자들의 공연예약을 관리하였다. 스타를 동원한 빅 타임(Big Time)이라는 공연 시스템을 견지해 나갔다. 키스는 1914년에 사망했고, 아들 폴도 1918년에 사망하자 모든 실권은 알비에게 넘어갔다. 알비는 미국 보드빌 산업을 실질적으로 지배한 최고의 권력자였다.

4. 건전한 보드빌

건전한 오락, 건전한 공연질서의 확립 노력은 이미 보드빌 이전부터 있었다. 콘서트 설룬의 분위기는 남북전쟁 후부터 변화하기 시작한다. 가족 전체가 관람할 수 있는 공연도 생겨났다. 남북전쟁 이후 미국에는 저속한 문화를 배척하고 고상하고 예의바른 문화를 육성해야 한다는 문화적 노력이 있었다. 주로 뉴 잉글랜드 지역의 지식인들, 특히 백인들이 중심이 되어 벌어진 지적 운동이었다. 조지 산타야나는 이를 점잖은 전통(genteel tradition)이라고 불렀다. P.T. 바넘, 에드윈 크리스티 등 보드빌 이전의 임프레사리오들은 건전한 오락, 가족이 다 함께 볼 수 있는 오락이 돈을 버는 지름길임을 경험적으로 알고 있었다.

사회적 압력도 있었다. 교회는 술의 폐해를 강조하면서 건전한 사회기풍을 진작해야 한다는 청교도 정신을 강조하였고, 당시의 금주운동과 더불어 보드빌을 정화하는 압력으로 작용했다. 대부분의 유럽국가처럼 미국에도 일요법(Sunday Law)이 있어서 일요일에는 공연을 금지하는 전통이 있었다. 일요일 공연은 교인들의 감소를 초래할 것이라는 우려가 있었기 때문이다. 일요법을 어겨 극장이 폐쇄되는 사례도 있었다. 안식일 리그가 결성되어 일요일 공연금지 운동을 벌였다. 1902년에는 전국 카톨릭 공연운동(National Catholic Theatre Movement)을 결성하여 비도덕적 공연을 반대하는 사회운동을 펼쳤다. 19세기만 해도 연극과 엔터테인먼트는 사회악의 근원으로 비판받고 있었고, 극장은 바람기있는 남성이 여성을 유혹하는 곳이고, 오락은 도덕적이지 못하다는 인식이 있었다.

이런 상황에서 극장의 문명화, 합리화는 관객개발의 중요한 조건이었다. 극장장은 출연자들에 대해 다음과 같은 공지문을 붙였다.

> 모든 천박한 말과 행동, 의상을 금합니다. 상스럽고 음란한 말, 불경스런 언어를 금지합니다. 만약 판단이 어려운 의심스러운 말이 있으면 리허설 시간에 관리자에게 문의하십시오.
> 거짓말쟁이, 게으름뱅이, 병신(SOG, Son of a Gun), 악마, 제기랄, 바람둥이, 어린이와 숙녀에게 어울리지 않는

말, 의심스러운 거리와 리조트, 지역 술집 등에 대한 일체의 언급을 금하며 위반시에는 해고합니다.

유대인을 모욕하는 일체의 언행도 금지되었다. 1910년 뉴욕에 120만 명의 유대인이 거주하고 있었는데, 이 중 90만 명이 이디쉬어를 사용하였다. 유대인은 극장 관객의 핵심적 위치에 있었기 때문에 흥행주들은 유대인들을 불쾌하게 하는 일체의 언행을 금지했다. 유대인만이 아니었다. 아일랜드인이나 독일인을 비난하는 말들도 금지되었다. 해당 언어의 관람객들은 이런 비난을 들으면 바로 퇴장해버렸기 때문이다.

관객들의 비매너가 문제였다. 발을 구르거나 바닥에 지팡이를 두들기면 안 되고, 공연도중 잡담, 흡연, 음주를 금지했다. 챔뱉기, 휘파람, 땅콩 까먹기나 땅콩 던지기가 금지되었다. 극장내에서는 탈모를 해야 했다. 질서를 위반하는 관객은 경찰에 끌려가는 일도 있었다. 1904년 샌프란시스코의 한 극장에서는 밴드의 연주도중 소란을 일으킨 사람을 퇴장시킨 사례가 있었다. 극장측이 고용한 질서유지원이 모자를 벗기거나 소란을 피우는 사람을 경찰로 인계하거나, 때로는 벌금을 부과하였다. 극장관리자들은 관객들에게 타인의 관람편의를 위해 흡연을 삼가달라는 안내문을 은쟁반에 담아 주었다. 우리나라 예술의 전당에서 기침을 하지 말라고 사탕을 나누어 준 적이 있었는데 이를 연상케 한다.

5. 극장

극장은 관객의 관람태도에 미치는 영향이 매우 크다. 극장은 물질적인 공간이지만 그 물질성 내에는 깊은 정신적 성격이 내포되어 있다. 누추한 극장에서는 누추한 공연이, 깨끗하고 잘 정돈된 극장에서는 품격있는 공연을 하게 된다. 좋은 극장에는 부유하고 교육받은 관객이, 대중적인 극장에는 중산층 이하의 관객들이 주로 찾는다. 이를 '극장구속성'이라고 부를 수 있겠다.

과거의 극장은 조악하고 불결했다. 창고나 술집을 개조한 극장, 시장의 구석에 위치한 극장 등이 많았다. 이런 극장마저도 없던 시절에는 마차나 야외에서 공연했다. 대중연예가 발달하면서 극장환경이 개선된다. 미국에서 1880년대 후반부터는 극장의 대형화, 현대화 바람이 불었다. 1920년대 후반에는 영화궁전(movie palace,영국에서는 picture palace) 붐이 일었다. 록시(Roxy) 극장에서는 100여 명의 오케스트라가 극장에 상주하면서 영화음악을 연주했고, 캐피톨 극장의 좌석은 5300석이었다. 극장이 너무 커서 오케스트라 석 너머의 관객은 볼 수가 없었다고 한다. 극장은 대리석과 꽃으로 장식하였고, 화장하는 방(powder room), 응접실, 카페, 도서실 등을 설치하였으며 음료와 차를 제공하는 서비스도 제공되었다.

키스와 알비는 극장의 현대화를 같이 추진한다. 이는 건전한 보드빌의 도입, 프로그램 구성의 변화, 공연 기획자간의 경쟁과도 관계가 있었다. 스몰 타임과 빅 타임(빅 타임과 스몰 타임에 대해서는 2부 1장 참조)이라는 대조적인 프로그램과 연속 보드빌이라는 새로운 운영방식이 도입되었다. 보드빌의 사업성이 확인되자 치열한 경쟁이 벌어진 것이다. 알비는 1887년 프로비던스와 필라델피아에 스펙터클한 극장을 짓는다. 스펙터클한 극장은 빅 타임의 표준적 형태가 되었고 경영자들은 극장의 현대화 경쟁을 펼친다.

키스의 보스턴 콜로니얼 극장(1893)은 유럽 바로크 시대 왕궁을 모방했고, 유럽의 대형 극장과도 비교된다. 방화커튼, 전기조명(당시로서는 새로운 기술), 샹들리에, 아랍식 돔 등이 설치되었다. 또한 석상, 스테인드 유리, 대리석 기둥, 벽화, 붉은 카펫으로 장식했다. 극장은 엔터테인먼트의 사원이 되었고 이 무대에 저글러, 마술사, 코메디언들이 서게 된다. 이 극장은 보스턴의 국제적 자긍심이 되었다.

키스는 1894년, 보스턴에 뉴 시어터(New Theatre)를 신축하였는데 이 역시 많은 시민들의 호기심의 대상이 되었다. 돔 형식으로 된 이 극장은 강철과 스테인드 글래스, 페디먼트, 최신식 조명장치, 대형 전기램프 등 호화로운 장식이 설치되었고, 2층과 3층에는 거대한 전기램프를 설치하였고, 로비와 계단은 대리석으로 장식하였다. 시카고에서 발생한 이로쿼이

화재[18]로 인해 화재 예방을 위한 시설이 설치되었다. 화재가 발생하면 10초 이내에 물이 자동적으로 쏟아지는 스프링클러가 설치되었다. 15개의 출구를 설치하였고, 2.3층에는 외부로 통하는 발코니도 만들었다. 키스의 극장만이 아니었다. 1906년에 건립된 프록터의 플레저 팰리스 역시 이런 최신식 화재예방 시설을 갖추었다.

키스는 청결, 편안함, 예절(3C, Cleanliness, comfort, courtesy)을 극장운영의 모토로 내걸었다. 이를 위해 많은 서비스 인력을 채용했고, 작은 극장에도 대리석, 거울, 카페트를 설치했다. 수천 개의 전기장치는 전기기술자의 세심한 관리가 필요했고, 딱딱한 버라이어티 극장의 나무벤치가 아니라 접이식의 오페라 의자를 설치하여 관객들에게 편안함을 주려고 하였다. 세면대가 달린 화장실, 흡연과 휴식이 가능한 방, 아이스크림을 파는 카페가 설치되었다. 여성들을 위한 편의시설과 서비스도 강화하였다.

키스는 매일 망치와 못을 들고 다니면서 의자 등을 수선하고 극장을 점검하였다. 부인은 마루바닥을 닦고 가구의 먼지를 털었다. 청소도구 구입에 많은 비용을 지출하였다. 키스는 어셔(usher-안내원)의 스타킹, 구두까지 세심하게 관리했다. 상류층 관객까지 수용하려면 보드빌의 고급화, 정극 극장과 같은 환경이 필수적 요건임을 주장했다. 15세의 여학생들을 고용하여 극장 분위기를 풋풋하게 하려 하였다.

*18)
1903년 12월 시카고의 이로쿼이(Iroquois)극장에서 발생한 화재. 602명이 사망하고 250명이 부상한, 미국 최대의 극장화재사고였다.

극장을 보다 다양한 문화 공간으로 바꾸려는 시도도 있었다. 유희성을 강화한 극장을 기획한 임프레사리오는 프록터였다. 1895년 〈프록터의 플레저 팰리스〉를 신축하여 지붕정원, 당구장 등을 신설하고 최고의 스타들을 영입한다. 프록터에 맞선 것은 오스카 해머스타인이었다. 해머스타인은 코스터와 비알의 주식 일부를 팔아 1895년에 6천 석이 넘는 올림피아 극장을 짓는다. 뮤직 홀 4천 석, 리릭 극장 1,800 석, 600 석의 콘서트 홀, 수영장, 볼링장, 여러 개의 라운지, 흡연실, 터키탕, 지붕정원 등 다채로운 편의시설이 신설되었다. 대형 극장만이 아니라 작은 극장에도 편의시설의 설치는 필수가 되었다. 프록터의 플레저 팰리스는 초라해진다.

• **지붕정원**

19세기 후반 미국에는 지붕정원(roof garden)이라는 독특한 오락공간이 생겼다. 1883년 뉴욕 카지노 극장에서 시작된 지붕정원은 정극과 콘서트를 하던 극장으로, 작곡가 겸 임프레사리오였던 루돌프 아론슨(Rudolph Aronson)이 시작한 것이었다. 아론슨은 냉방장치가 없던 시절, 뜨거운 여름철에는 공연이 불가능하다는 점에 착안하여 옥상에 극장을 만들었다. 당시 뉴욕에서는 극장에 술 반입이 금지되어 있었지만 옥외에서는 가능했다. 아론슨은 이런 법의 허점을 이용해 지붕에 정원을 만들어 술과 음식을 팔고 엔터테인먼트를 제공하였다. 여성도 참여할 수 있었다. 당시 뉴욕에서는 오스트리아와 독일의 오페레타가 인기였는데, 부유한 뉴요커나 관광객이 맥주와 와인을 마시면서 오페레타나 뮤지컬을 감상하는 것이 하나의 유행이었다.

아론슨의 아이디어는 곧 다른 임프레사리오에게 확산된다. 코스터와 비알도 1892년에 지붕 정원을 조성한다. 가장 화려한 지붕정원은 매디스 스퀘어 가든에 조성된 것이었다. 오페레타 공연은 곧 버라이어티 쇼로 바뀌었다. 1893년 맨해탄의 4개의 지붕정원은 전부 버라이어티 쇼를 공연하였다. 지붕정원은 비전통적 취향을 가진 부유층에 인기였고, 관광자원이 되었다. 뜨내기 선원들이 머물던 유흥가가 아니라 엘리트와 부유층이 모이던 고급 공연장이었다. 지붕정원은 곧 시카고, 아틀란타, 워싱턴 등으로 확산된다.

4장 아메리칸 드림과 이민

1. 아메리칸 드림

1886년 러시아의 리투아니아에서 태어난 아사 요엘슨(Asa Yoelson)은 어릴 때 미국으로 이민을 갔다. 어릴 때부터 가수의 꿈을 안고 있었지만 엄격한 유대교 지도자였던 아버지의 기대와의 사이에서 갈등하다 보드빌에 데뷔하였다. 아버지는 '나는 아들이 없다'고 한탄하였지만, 1920-30년대에 가장 높은 개런티를 받는 알 졸슨(Al Jolson)이 된다. 탁월한 노래실력과 얼굴을 온통 검게 칠하는 블랙페이스로 유명했다. 1927년 최초의 유성영화 〈재즈 싱어〉에 출연하였고 보드빌, 영화, 뮤지컬 등 다방면에서 활약한 위대한 연예인이었다. 스스로를 '세계 최고의 엔터테이너'라고 명명했다. 그의 인기는 단연 독보적이었다. 37번의 커튼 콜을 받은 적이 있었고, 그의 이름을 딴 극장이 생기기도 하였다. 후에 빙 크로스비, 토니 베넷, 주디 갈란드, 닐 다이아몬드 등이 영향을 받았다고 고백할 정도로 대중문화에 끼친 그의 영향력은 대단했다. 한국전쟁이 한창이던 1950년 가을 한국을 방문하여 위문공연을 하고 난 뒤 사망한다.

아메리칸 드림은 소설의 주요한 제재가 되었다. 시오도어 드라이저가 1900년에 쓴 <시스터 캐리>[19]는 시골처녀 캐리 미버가 주급 4달러 50센트를 받던 구두공장 종업원에서 일약 브로드웨이의 스타가 되는 신데렐라 이야기다.

주인공 캐리는 처음부터 아메리칸 드림을 꿈꾼 건 아니었고, 삶의 막다른 골목에서 생존을 위해 배우가 된 것이었지만, 많은 젊은이들은 애초부터 성공신화를 꿈꾸고 연예계에 진출하였다. 노라 베이스는 유대인으로 18살에 가출하여 노래를 부르기 시작했고, 에드 윈(Ed Wynn)은 모자사업을 이어받기를 원하는 아버지의 부탁을 저버리고 보드빌리언이 되었다. W.C.필즈는 과일농장에서의 일보다 저글링을 더 좋아했다. 이들은 아침부터 저녁 늦게까지 농장과 공장에서 단조로운 일을 반복하기보다 노래하고 춤추는 일을 택했다. 조 프리스코(Joe Frisco)도 농부로 성장하기를 바라던 아버지 몰래 야간열차를 타고 야반도주하여 아버지 장례식 때가 되어서야 아버지를 만났다.

에디 캔터(Eddie Cantor)는 뉴욕 동부 저지대에 살던 고아였다. 아마추어 코미디언 대회에 입고갈 바지가 없어 친구의 바지를 빌려입고 나가 우승해서 12달러 상금을 받았고, 버트 라(Bert lahr), 패니 브라이스(Fanny Brice), 막스 형제(Marx

*19)
줄거리는 이렇다. 캐리는 시골에서 시카고에 사는 언니를 찾아가던 중 기차에서 드루에를 만나 연인이 된다. 시카고에서 주급 4달러 50센트를 주는 구두공장 종업원이 되지만 일이 힘들어 곧 그만둔다. 드루에를 통해 허스트우드라는 술집 지배인을 만나는데, 그는 유부남이다. 허스트우드는 그녀를 차지하기 위해 돈을 훔친 다음, 드루에가 다쳤다는 거짓말로 그녀를 꼬여내어 뉴욕으로 도망간다. 허스트우드는 빈털터리가 되고 캐리는 먹고 살기 위해 배우가 되는데, 곧 최고의 스타가 된다. 허스트우드는 노숙자가 되고 나중에는 행려병자가 되어 사망한다.

Brothers)는 어렸을 적 거리의 부랑아들이었다. 이들에게는 노래하고 춤추는 것이 재봉틀을 돌리거나 쟁기를 가는 일보다 신나는 일이었다.

지팡이와 모자는 보드빌의 상징이었다. 고향을 떠나 낯선 곳을 향하는 방랑자의 모습이 보드빌리언이었다. 보드빌리언이 되는 길은 고향과 집, 부모로부터의 이탈이었다. 먼 나라에서 미국으로 왔고 다시 미국에서는 집과 부모를 떠나 타향으로 향하는 '길 위의 삶'이었다.

보드빌리언들은 처음부터 보드빌에 입문하는 게 아니라 식당, 캬바레, 서커스, 다임 박물관, 메디신 쇼, 벌레스크 등 하급문화에서 경험을 쌓은 뒤 보드빌로 진출했다. 소피 터커는 식당에서 노래했고 알 졸슨은 극장의 바람잡이로 일을 하다가 스타가 됐다.

보드빌 스타가 되는 길은 험난했다. 그러나 보드빌은 아메리칸 드림을 실현할 수 있는 최고의 무대였다. 노력하면 성공할 수 있다는 희망을 주었다. 펙 렉 베이츠(Peg Leg Bates)는 어렸을 때 기계에 다리를 잃고 아버지는 가출하였다. 의족을 한 채 탭 댄스를 연마하여 대스타가 되었다. 필즈(W.C.Filelds)는 지루함과 신체의 상처를 견디면서 하루 몇 시간씩 저글링 연습을 하여 최고의 저글러가 되었다. 엘리너 파웰(Eleanor Powell)은 발목에 샌드백을 차고 탭 댄스를 연습하였고, 수갑 풀기와 탈출마술의 마술사 후디니는 관절의 고통을 인내하면서 연습했다. 그는 자물쇠의 비밀을 알아내기 위해 오랜 시간 동안 공부했고, 하루 5시간 이상 잔 적이 없다고 하였다. 마술사 켈러(Kellar)는 인도에 가서 동양마술을 연구하였다.

보드빌 스타가 되면 명예와 부를 얻을 수 있었다. 이민자들과 빈곤한 가정 출신의 청소년들은 보드빌을 통해 아메리칸 드림을 이루고자 하였다. 호레이쇼 알저(Horatio Alger)의 글들은 개천에서 용나는 이야기(rag to riches)들이 많았는데, 당시 미국인들에게 큰 영향을 미쳤다.

2. 유대인과 공연산업

1880년부터 1920년까지 미국이민은 무려 2천 3백만 명에 달했다. 이민을 촉진한 건 1880년 이후 시작된 대형 증기선의 취항 등 교통의 발달이었다. 이 시기의 이민자들은 대부분 가난과 기근, 정정불안, 종교적 탄압 등을 피해 들어온 사회적 약자들로, 무학력자들이 많았다. 그래서 외국인 혐오가 발생하였고 정부는 문해력 증명을 요구했다. 1880년 이후의 대량 이민을 신이민이라고 부르는데, 주로 카톨릭과 유대인들이었다. 1920년경 뉴욕 인구의 40% 정도가 외국 태생이었고 샌프란시스코는 34%였다. 특히 1890년부터 1910년까지 매년 백만 명 정도의 이민이 이루어졌다. 보드빌은 이 시기에 활성화되는데, 이는 우연이 아니다. 보드빌은 이민자들에게는 자신들의 문화를 소개하고 이민 공동체를 구성할 수 있는 무대였다. 이민자들은 보드빌의 소비에서도 핵심적인 역할을 했다.

1880년경부터 일차 대전 전까지 러시아에 잔인한 유대인 박해운동인 포그롬(pogrom)이 발생한다. 뮤지컬 〈지붕위의 바이올린〉은 바로 이 포그롬을 소재로 한 것이다. 무려 200만 명의 유대인이 미국으로 떠났다. 러시아만이 아니라 폴란드, 헝가리 등 동부 유럽 유대인도 많았다. 이 중 32만 5천 명이 뉴욕 동부의 저지대에 정착했고, 1880-90년 사이에는 네 명 중 세 명이 이 저지대에 정착했다. 1920년대 뉴욕 시민의 3분의 1이 유대인이었다. 유대인들은 보드빌, 노래, 작곡, 영화 등 대중문화계에서 중추적 역할을 담당한다. 유대인들은 이디쉬어를 사용하였고, 이들을 위한 전용극장이 있었다. 뉴욕에는 언어문제를 고려하여 유대인, 이탈리아인, 독일인들을 위한 보드빌 극장이 설치되어 있었다.

벨라 베커(Bella Becker)는 유대민족의 민족적 감수성을 담아내는 노래를 즐겨 불렀다. 관객들은 조국의 형제들, 돌아가신 부모, 탄압받고 있는 민족을 생각하면서 울었다. 유대인들은 민족의 슬픈 노래와 고향 이야기를 듣고 싶어서 극장에 갔다. 벨라 베커 이외에도 소피 터커, 노라 베이스 등 보드빌의 대스타들이 유대인이었다. 영화배우 패니 브라이스와 바바라스트라이샌드도 역시 유대인이다.

유대인중에는 많은 공연기획자도 있었다. 연극(정극) 신디케이트를 장악한 6명의 임프레사리오와, 이들에 대항하여 싸웠던 슈버트 형제들이 모두 유대인이었다. 보드빌 에이전트 윌리엄 모리스, 오르페움(orpheum) 서킷의 운영자 마틴 벡도 유대인이었다.

미국 이민들이 원주민이나 다른 나라의 인종보다 창조적이거나 우월한 사람들은 아니다. 그런데 왜 이민의 나라가 세계문화를 선도하고 세계 최강대국이 되었을까? 그건 다양성 또는 혼종성이라는 특성 때문이다. 낯선 나라에 가서 주류사회에 동화하기 위해서는 창의적이고 혁신적인 노력들을 필요로 한다. 한계상황에 처한 이민자들로서는 고국의 전통만이 아니라 자신의 나라에서 배운 문화와 지식을 이식하고 실천하면서 새로운 삶을 개척해야 한다. 도시의 발달은 바로 다양성을 바탕으로 이루어진다. 미국 이민자들은 아메리칸 드림을 목표로 건너온 사람들이다. 따라서 미국 문화를 배워야 했고, 잘 적응해야 했다. 그들은 토착민과는 다른 호기심과 새로운 시각을 갖고 있었다. 자신들의 시각에 미국적 환경을 결합하여 새로운 창의성을 발휘해 나간 것이다. 혼종적 문화가 갖는 장점이다. 내부자보다 아웃사이더가 문화를 새롭게 보고 강한 혁신의 힘을 가지게 된다.

한편으로 미국의 경쟁체제가 큰 역할을 하였다. 미국 사회는 개방적이고 경쟁적이며 능력주의를 따른다. 혈통이나 인종보다 재능에 더 중점을 둔다. 19세기의 이민자들은 돈을 벌기 위해 수많은 경쟁을 이겨내야 했고, 때로는 야만적이고 탐욕적인 수단을 동원했다. 오디션은 스타탄생의 기회를 제공했고, 누구나 참여가 가능했다.

3. 스타

엔터테인먼트 산업은 스타의존적 산업이다. 보드빌에서는 스타가 곧 콘텐츠였다. 연극에서 헨리 어빙(Henry Irving)[20]이 세익스피어를 잘 연기한다는 것은 스타와 콘텐츠가 분리되어 있음을 말한다. 연극이나 뮤지컬은 공동체적 성격을 갖고 있어서, 개인은 전체속의 한 일원이 되며 배우와 콘텐츠는 분리된다. 그러나 엔터테인먼트에서는 스타와 콘텐츠가 분리되지 않는다. 스타가 곧 콘텐츠다. 스타는 그래서 중요하다. 엔터테인먼트는 또한 개인활동을 하기 때문에 개인간 경쟁도 치열하다. 반면 스타는 공연의 성공을 보장하는 확실한 장치이기도 하지만, 연예산업의 안정성을 파괴하는 역기능을 갖고 있기도 하다.

보드빌은 스타가 공연성공을 좌우한 최초의 근대적 엔터테인먼트였다. 과거에도 스타는 있었지만 스타라고 부를 수 있

*20)
헨리 어빙(1838-1905)은 영국 빅토리아 시대를 대표하는 배우로, 특히 셰익스피어 연극을 중흥시킨 연극인이었다.

을만큼 그 영향력이 크지는 않았다.

보드빌 산업을 개척한 토니 패스터의 성공방식은 스타의 기용과 육성이었다. 릴리안 러셀을 비롯한 보드빌 스타와 영국의 뮤직 홀 스타들이 그의 극장에 출연했다. 스타영입 경쟁은 1893년에 키스와 프록터(Proctor)의 경쟁 이후에 촉발된다. 프록터가 이탈리아의 오페라 스타 캄파니니(Campanini)를 오전에만 출연하는 댓가로 주 600달러를 지급하여 경쟁자들을 충격에 빠뜨렸다. 그러자 키스 측의 기획자였던 파인스(J. Austin Fynes)는 정극의 스타를 영입하여 이에 대항하였고, 이로 인해 개런티가 2-3배 폭등한다.

릴리안 러셀은 1880년대에 토니 패스터 극장에서 주급 35달러를 받다가 1900년대 초반에 3천 달러를 받았고, 메이 어윈은 150달러에서 2천 달러로, 매킨타이어와 히스는 키스 극장에서 400달러를 받다가 1911년에 2,500달러를 받는다.

오스카 해머스타인도 유럽의 스타들을 초청하는 전략을 택하였다. 1895년에는 파리와 런던에서 이름을 날리던 프랑스 스타 이베트 길베르(Yvette Gilbert, 1865-1944)를, 이어 영국 뮤직 홀의 최고 스타 단 레노(Dan Leno), 이탈리아의 레오폴도 프레골리(Leopoldo Fregoli)를 잇따라 초청한다. 이는 해머스타인만의 전략이 아니었다. 많은 임프레사리오들은 상당한 시간을 들여 유럽에 체재하면서 런던과 파리의 스타들을 찾아나섰다. 특히 리틀 티치(Little Tich), 베스타 틸리(Vesta

Tilley), 마리 로이드(Marie Lloyd) 등 런던 뮤직 홀의 스타들과 프랑스의 세계적 스타 사라 베르나르를 영입하기 위한 경쟁은 매우 치열했다.

스타의 힘은 대단했다. 마틴 벡(Martin Beck)은 1913년에 뉴욕에 화려한 팰리스 극장을 오픈했다. 이 극장은 보드빌을 대표하는 극장이 되지만 개관 당시의 흥행성적은 매우 좋지 않았다. 그러자 에델 배리모어(Ethel Barrymore) 라는 연극(정극) 스타를 기용했고, 이는 대성공을 거두었다. 그녀가 공연한 작품은 플레이렛[21] 〈미스 시빌라이제이션〉이었다.

에델 배리모어는 배우집안인 배리모어 가의 둘째로 연극계 최고 스타 중의 하나였다. 영국에서 활약하는 동안에는 나중에 영국 수상이 된 윈스턴 처칠의 구혼을 받았지만 정치가의 아내로 사는 게 싫어서 거절했다는 소문도 있었다. 1919년 배우노조(연극)의 파업 때는 강력한 후원자가 되어 배우들을 도왔다.

팰리스 극장을 반석 위에 올려놓은 건 프랑스의 세계적 스타, 사라 베르나르(Sarah Bernhardt)였다. 그녀가 공연한 작품 역시 플레이렛이었다. 그녀는 마틴 벡과 팰리스 극장 오픈 전에 오르페움 서킷에서 공연한 바 있었다. 흥행부진으로 심각한 고민에 빠져있던 벡은 파리에 가서 사라 베르나르를 만나서 팰리스 출연의사를 타진한다. 처음에는 부정적이던 베르나르도 벡이 일요일 공연을 제안하자 수용한다. 그리고 극장

*21)
플레이렛에 대하여는 1부 5장 참조.

에 관한 정보를 보내자 아름답고 만족스럽다고 대답했다. 68세의 노배우는 주당 7천 달러와 24주의 공연을 팰리스 극장을 포함한 전국의 빅타임 보드빌 극장에서 하기로 합의한다[22].

베르나르는 25명의 배우와 함께 특별열차로 중서부, 캐나다, 캘리포니아 등 전국을 순회한다. 첫 공연지인 시카고에서는 기립박수가 터져나왔고. 샌프란시스코에서는 '디바인 사라'를 보기 위해 인산인해를 이루었다. 팬들이 매트리스를 깔고 길 위에서 자면서 티켓을 구하려 하자 경찰이 동원되었다. 사라의 공연은 '보드빌 역사상 가장 훌륭한 공연' 이었다.

3주간 반의 팰리스 극장 공연의 주당 수입은 21,000달러[23]에 달했고 순수입은 6-8천 달러였다. 베르나르는 빅토리엥 사르두, 라신느, 빅토르 위고, 알렉상드르 뒤마의 작품을 공연했다. 베르나르의 공연은 팰리스 극장을 유명하게 만들었고, 팰리스 공연은 모든 보드빌리언의 소망이 되었다. 1915-20년 사이에 팰리스에서 공연한 스타는 웨버와 필즈, 버트 휠러, 해리 후디니, 패니 브라이스, 줄리아 엘틴지, 소피 터커 등 최고의 스타들이었다.

소피 터커는 '키스와 오르페움의 모든 극장 공연을 합친 것보다 팰리스 극장 공연이 우리의 커리어를 만들고 가슴을 뛰게 했다' 고 회고한 바 있다.

스타가 파산 직전의 극장을 살린 건 팰리스만이 아니었다. 1896년 체리 시스터즈는 오스카 해머스타인의 올림피아 극

*22)
1일 천 달러의 사라의 개런티는 전무후무한 것이었다. 사라 베르나르는 1904년 슈버트 사(Shubert Organization)의 연극 출연료는 주당 1,800달러였다.

*23)
1913년의 1달러는 오늘날의 31.80 달러에 해당한다.

장을 구한다.

스타확보가 성공 방정식이 되자 경쟁이 치열해졌고 개런티가 오르자, 기획자들 사이에서 개런티 상한제, 즉 샐러리 캡에 대한 합의가 있었다. 그러나 이를 위반하는 사례도 발생했다. 퍼시 윌리엄스는 선출연 후정산하는 방식으로 합의를 깨뜨렸다. 그는 알버트 슈발리에에게 주급 1,750달러, 헨리 밀러 1,500, 베스타 틸리 1,750, 영국의 스타 해리 로더에게는 무려 3,500달러를 지급한 것으로 추정된다. 스타 출연료가 높아져 제작비가 덩달아 증가하자 입장료도 10센트에서 30센트로 인상하였다.

보드빌 스타들은 당시 어떤 직업보다도 높은 개런티를 받았다. 타직업과 비교해보면 보드빌리언들의 출연료가 얼마나 많은 것인지를 알 수 있다. 당시의 타직업 연수입은 다음과 같았다. 비농업 종사자 700달러, 성공적인 세일즈맨 1,500달러, 화이트 칼라는 11시간 일하고 1,000달러, 은행원과 사무직 종사자는 1,000-2,000달러였다. 반면 보드빌 종사자는 초보가 주급 30-100달러에 스타는 3,500달러까지 받았다. 이를 연수입으로 환산하면 초보 출연자도 연수입 3~4천 달러에 달하는 경우가 있었다. 프랑스의 그랜드 오페라 스타보다도 더 높았다. 당시 어떤 기자는 잠시 보드빌을 떠나 있던 여성 스타 메이 어윈이 복귀해서 52주를 공연한다면 철강 트러스트 회장보다 두 배의 급여를 받게 되고, 20주를 공연한다면 대통령과 맞먹는 급여를 받을 것이라고 하였다.

에바 탕궤이(Eva Tanguay)는 가장 높은 개런티를 받는 최고의 스타였다. 따라서 그녀의 출연료에 관심이 생길 수밖에 없었다. 수입은 스타의 인기도를 측정하는 수단이었고, 스타의 수입은 극장이 대형화되면서 더욱 많아진다. 이건 우리나라 뮤지컬 산업과도 유사하다. 처음에는 남성 스타의 개런티가 높았지만 여성 스타들의 개런티도 점점 올라가는데, 이런 현상이 시작된 건 1905년경부터다. 코메디언 아이린 프랭클린(Irene Franklin)은 1907년 주급 300달러에서 1910년 1,000달러로, 다이빙 연기로 이름을 날리던 아네트 켈러만은 단번에 주급 1,350달러를 받았다. 이들은 마티네와 저녁 공연에 각각 20분 정도 출연하였다. 그러나 변두리 극장의 출연자들은 대개 주급 25달러를 받았고 4년 후에 100달러 정도를 받았다. 스몰 타임 출연자는 35달러 정도였다. 1921년 키스의 스몰 타임 극장은 매일 8명 정도를 고용하여 50-125달러를 주었는데, 이는 평균주급 90달러였다, 이들은 1년에 20-30주, 매일 1시간에서 3시간 공연하였다. 여기서 교통비와 숙박비는 공제되었다. 당시의 보드빌리언은 2만 명 정도였는데 이 중에서 실제 공연을 하던 사람은 5천 내지 만 명 정도였다. 이들도 1년 내내 공연하는 것이 아니라 25주 미만이 대부분이었다. 3분의 2는 실직 상태였던 것이다. 당시 공연산업과 연예산업에서는 배우들에 대한 심각한 착취가 있었다. 그럼에도 불구하고 이 산업에 뛰어든 것은 다른 산업보다 급료가 높은 편이었고, 홍보전단에 이름이 올라가서 유명해지기 때문이었다.

보드빌리언들에게는 헤드라이너(headliner), 미들라이너, 바텀라이너 등의 등급이 있었다. 스타를 헤드라이너라고 불렀다. 이들에 대한 처우는 차별적이었다. 관객들은 스타 때문에 극장에 갔다. 헤드라이너가 되면 홍보 포스터의 상단에 이름이 실리고, 엄청나게 높은 개런티를 받았다. 사라 베르나르는 자신의 특별객차를 소유하고 있었고, 최고급 식당에서 식사를 했으며 일급호텔 스위트 룸에서 숙박하였다. 노라 베이스(Nora Bayes)는 자신의 객차에 두 아이와 가정부, 피아노 반주자와 두 명의 여성 도우미를 데리고 다녔다. 그러나 대부분의 보드빌리언은 그날 그날 벌어서 간신히 생계를 유지하는 가난한 연예인들이었다.

4. 여성 스타

• 미디어가 만드는 스타

1840년대에 쓴 발작의 소설 〈잃어버린 환상〉에는 신문기자 뤼시앙이 쓴 기사 한 편으로 코랄리가 연간 만 2천 프랑에 짐나즈 극장에 출연할 수 있게 되었고, 플로린은 8천 프랑에 파노라마 극장에 출연하게 되었다는 서술이 나온다.

보드빌을 제재로 한 뮤지컬 〈시카고〉에는 살인용의자 록시 하트가 살인에 대한 죄값을 받는 게 아니라 오히려 변호사와 신문의 도움을 받아 유명인이 되는 장면이 나온다.

19-20세기 초반 미국 신문의 힘은 대단했다. 당시 윌리엄 랜돌프 허스트와 조셉 풀리처가 벌인 신문경쟁은 황색 저널리즘(yellow journalism)을 낳았고, 이는 허위와 과장, 선정적인 기사와 왜곡기사를 양산했다. 1898년에 벌어진 스페인과 미국간의 전쟁도 신문의 과장. 왜곡보도로 인한 것이었다. 스타가 되는 데는 실력과 함께 신문이 큰 영향을 주었다.

당시의 신문은 레저, 사회뉴스, 연예 뉴스, 여성에 관한 뉴스를 많이 다루었다. 스타의 음식, 여가시간 보내기, 의상, 다이어트 등은 흥미있는 기사였다. 릴리안 러셀의 사소한 옷입기의 결점도 기사가 되었다. 1880-90년대 미국의 신문보도의 모습을 〈시스터 캐리〉는 이렇게 묘사한다. '신문과 잡지들이 무대 위의 미녀들에게 관심을 쏟다 못해 과열되기... 일요판 신문들은 연극면을 화려하게 꾸미고 지면을 할애하여 유명한 여배우들의 모습을 장식을 넣어 실었다. 적어도 한 두 잡지의 최신호에는 언제나 예쁜 스타들의 사진과 연극 장면을 찍은 사진이 실렸다.' 여성의 구매력에 관심을 가지면서 여성에 대한 많은 기사가 등장했다.

보드빌은 전국적인 인기를 지닌 유일한 엔터테인먼트였다. 보드빌 홍보담당자들은 스타에 관한 기사를 신문에 많이 제공하였다. 보도자료에는 픽션과 사실이 혼재되어 있었고, 언론은 사실을 심도있게 천착해 들어가기보다는 보도자료를 그대로 싣는 경우가 많았다. 사실과 허구, 광고와 실제 사이의 경계가 허물어졌다. 아나 헬드(Anna Held)는 매일 피부관리를 위해 우유로 목욕한다는 기사가 났다. 연예인들의 성공 스토리도 흥미있는 기사였다. 고난에 찬 가정사, 가정을 일으키기 위해 어릴 때 공장에 취직해 스타가 되는 과정, 천재적인 어린 시절 이야기 등등. 인터뷰는 좋은 홍보수단이었다. 스타에 대한 보도는 그의 성격이나 재능 등이 전부 사실이라고 믿게 하는 효과가 있었다. 관객들은 그런 기사가 사실인지 확인하고 싶어서 극장에 갔다. 에바 탕궤이는 주급 4달러의 여공에서 3,500달러의 스타가 되는 과정을 인터뷰를 통해 밝혔다. 이런 성공신화는 보드빌과 스타들의 아우라를 키웠다.

허위기사나 과장 기사도 스타의 명성을 높이는데 기여했다. 노라 베이스는 독일 투어 중에 병원에 입원했다. 이 때 1차 대전이 발발했고 베이스는 이 곳을 벗어나야 했다. 그러나 신문에서는 그녀가 사망했다는 보도를 했고, 이로 인해 노라 베이스는 더욱 유명해졌다.

에블린 네스빗(Evelyn Nesbit, 1884-1967)은 모델 출신의 보드빌리언이자 뮤지컬 배우였다. 일찍 모델로 데뷔한 뒤 공연계로 진출하였다. 1905년 철도왕 헨리 켄달 소(Henry Kendal Thaw)와 결혼했는데, 결혼전 40대 후반의 유명 건축가 스탠포드 화이트(Stanford White)와의 염문이 문제가 되었다. 소는 화이트를 총으로 쏘아 죽이고 재판을 받게 되었는데, 이를 신문에서는 '세기의 재판'이라고 불렀다. 〈재판〉은 센세이셔널한 뉴스가 되어 연일 신문을 장식했다. 빅토리아 극장장 윌리 해머스타인은 그녀의 공연을 기획했고, 이는 대성공이었다. '신문 헤드라인 기사'는 늘 많은 관객을 끌어들였다.

당시의 스타들은 대부분 가난한 집안 출신이었다. 여기서는 여성 스타들의 이력을 살펴보자. 여성 헤드라이너들은 대부분 뉴욕 출신으로 그 중 3분의 1 이상이 아일랜드 계 또는 유대계였는데, 초기에는 아일랜드 계가 압도적으로 많았다. 유대인들은 연예계 참여를 악으로 보는 전통이 있었다. 그래서 유대계 여성들은 지역 극장에서 공연을 보고 부모 몰래 노래와 춤 연습을 해야 했다. 교회는 유대인들에게 좋은 훈련장이었다. 그들은 교회 이벤트에 참여하면서 노래와 춤을 익혔다

여성 스타들은 대부분 한계상황에 놓인 가정 출신이었다. 전문 기술도 없었고 교육도 제대로 받지 못했다. 절반 이상이 가난한 가정 출신이었고 초등학교 중퇴가 50% 정도였고 17% 정도만이 초등학교 졸업이었으며 17%는 중등학교 이상 학교에 진학했다. 이들은 집안의 맏딸인 경우가 많았고, 대부

분 부모의 이혼, 질병, 가난 등의 문제를 안고 있었다. 연예계에 뛰어드는 것은 가난한 가정을 일으켜 세워야 하는 절박함 때문이었다. 평균 17살에 노래와 춤을 배우기 시작하여 19세경에 보드빌리언이 되었다. 22살 무렵에 결혼하였고 대부분 2번 이상 결혼 경험이 있었다. 유명한 스타가 되어 화려한 삶을 살았지만 많은 스타들이 죽을 때는 입문할 때처럼 무일푼이었다.

유명한 여배우로는 쿤 샤우팅(coon shouting, 흑인 방언으로 노래 부르기)으로 유명했던 메이 어윈, 작은 자석으로 불린 로티 길슨(Lottie Gilson), 질다 그레이(Gilda Gray), 소피 터커(Sophie Tucker), 메이 웨스트(Mae West), 릴리안 러셀, 에바 탕궤이 등이 있었다.

• 릴리안 러셀(1861-1922)

러셀은 19세기말 20세기 초 미국 최고의 여성 연예인이었다. 아름다운 용모와 무대 카리스마로 최고의 인기를 구가하였다. 공연기획자들은 그녀를 세계에서 가장 예쁜 여성으로 선전하였다. 1881년 토니 패스터 극장에서 데뷔하였는데, 1882년에 패스터와 결별하고 영국 작곡가 에드워드 솔로몬을 만나 영국에 가서 활약했지만 실패하고 다시 미국에 돌아온다. 1899년에 〈웨버와 필즈 브로드웨이 뮤직 홀〉에서 5년간 활약하면서 최고의 인기를 구가하였고, 길벗(Gilbert)과 설리반(Sullivan)[24)]의 코믹 오페라와 오페레타에도 출연하였다.

그녀는 배우들의 처우문제에 대해 관심이 많았고 자신의 출연료에 대해서도 완강했다. 매니저와 처우문제로 갈등이 많았지만 매번 그녀가 이겼다. 1919년 배우노조(AEA)의 파업 기간 중에는 코러스 노조의 결성을 후원하기도 하였다.

• 에바 탕궤이(Eva Tanguay, 1871-1947)

에바 탕궤이는 최고의 개런티를 받던 최고 스타였다. 한 때 주급이 5천 달러에 달한 적도 있었다. 그녀는 '진정한 보드빌 정신을 체현한' 스타였다. 캐나다 퀘벡에서 태어나 부모를 따라 매사츄세츠로 왔다. 아버지는 의사였는데, 에바가 어릴 때 어린 네 명의 자녀와 아내를 두고 갑자기 사망하였다. 6살이었던 에바만 빼고 아이들은 모두 일을 해야 했다. 에바는 8살 때 노래를 시작했다. 노래에 재능이 있었던 그녀는 곧 아마추어 노래 경연대회에서 우승을 하고, 여러 무대에 출연한다.

에바 탕궤이는 수수께끼같은 보드빌리언이었다. 미인도 아니었고, 노래 실력이 탁월한 것도 아니었으며 춤추는 모습은 우아하지 못했다. 그러나 관객들은 그녀가 등장하면 20여 분 동안 비명을 질러댔다. 마치 전기에 감전되는 듯한 느낌이었다. 헝클어진 머리, 길들여지지 않은 자연스런 힘은 생명력 넘치는 에너지를 발산하였다. 스스로를 '태풍같은 코메디언'이라고 불렀고, 연예잡지 버라이어티는 '보드빌을 유명하게

*24)
영국의 작사가 길벗(W.S.Gilbert, 1840-1900), 작곡가 아서 설리반(Arthur Sullivan, 1842-1900). 25년 동안 같이 음악창작을 하면서 〈전함 피나포 H.M.S. Pinafore〉, 〈미카도 Mikado〉 등 14편의 코믹 오페라 작곡. 19세기 후반~ 20세기 초 미국에는 G&S 열풍이 불었고, 많은 해적판이 공연되었다.

만든 소녀'로 불렀다.

그녀는 미디어가 만들어낸 스타였다. 홍보의 기술과 신문에 자주 나오는 가십과 에이전트의 홍보 기술이 그녀를 키운 것이었다. 이런 일화가 있었다. 에바가 노래를 부르고 있을 때 코러스의 한 단원이 남자친구에게 어떤 물건을 던졌고, 이를 남자친구가 다시 코러스 걸에게 던지자 객석에서는 폭소가 터졌다. 에바는 공연후에 무대 뒤에서 이 소녀를 공격했고, 무대 스탭이 간신히 이들을 떼어 놓았다. 관객의 주의를 산만하게 하는 행동을 용인하지 못했던 것이다. 이 에피소드는 신문 1면에 실렸고, 에바는 유명해졌다.

그녀는 탁월한 홍보 기술자였다. 자신의 비용으로 공연을 광고했다. 공연개막일에는 코끼리를 데리고 거리에 나가 신문을 팔았고, 아마추어 노래 경연대회에 가명으로 참가해서 상을 받기도 하였다. 스팽글, 모피 등으로 장식한 화려한 의상을 입었고, 드레스에는 1달러, 5달러, 10달러, 50달러짜리 지폐를 붙이기도 했고, 석탄, 설탕, 펜과 연필을 옷에 매달기도 하였다. 한 번에 4개의 홍보대행사를 쓴 적도 있었다. 신문은 에바의 이런 행동을 좋아했다. 그녀가 무대에 등장하면 트롬본의 환영 팡파레가 울려퍼졌다.

무대 밖에서의 기행도 신문의 가십거리였다. 무대용역을 밀어 무대 밑으로 떨어뜨려 재판을 받은 일이 있었고, 매니저나 에이전트와의 불화도 자주 있었고, 남성들과의 스캔들도 많았다. 유부남 기자와의 불륜은 오히려 홍보에 유리한 역할을 했다.

키스와 알비는 에바의 기행을 늘 염려하였다. 그래서 어떤 극장으로부터는 기피인물이 되었고, 어떤 도시에서는 포스터 부착이 금지되었고, 어떤 극장은 아예 출연을 금지했다. 그러나 이 모든 것을 무시하고 하고 싶은 노래를 하고 춤을 추었다. 영화에도 진출하여 여러 편의 작품에 출연하였다. 1차 대전 전부터 1920년대까지 보드빌의 여왕으로 군림한다.

1924년부터 1927년까지 활약이 뜸했다. 큰 부자가 되었지만 대공황 때 주가 대폭락으로 모든 재산을 잃고 50대에 다시 보드빌로 되돌아왔다. 이미 58살이었지만 관객들은 뜨겁게 환영했다. 트롬본 팡파레가 다시 울려퍼졌다. 보드빌 쇠퇴기인 1931년에 투어를 한다. 그렇지만 이후 연이어 불행이 닥쳐온다. 1933년에는 백내장으로 실명위기에 처했는데, 소피 터커가 수술비를 내주었다. 관절염이 겹쳐 걷기조차 어려워졌고, 대인기피증, 대인공포증이 생겨 누구도 만나려고 하지 않았다. 1947년 11월 가난과 오랜 투병 끝에 사망한다. 에바는 죽기 전 그녀의 성공은 특출난 재능 때문이 아니라 그녀의 개성(퍼스낼리티), 용기, 세일즈먼십을 자본화한 것이라고 술회한 바 있다.

• **헬렌 켈러**

20세기 초반 미국에서 가장 인기있는 엔터테인먼트는 보드빌과 야구였다. 당시 신문과 라디오에서는 야구를 많이 보도했고, 야구선수들은 유명인사가 되었다. 그러나 야구 선수의 수입은 보드빌의 5분의 1에 지나지 않았다. 그래서 비시즌에는 보드빌에 출연하여 부족한 수입을 충당하곤 했다. 보드빌에서 인기가 상승하면 야구 연봉협상에도 유리하게 작용했다. 전설적인 야구선수 베이브 루스는 심판에게 진흙을 던져 출장정지를 당한 이후, 보드빌 투어를 한 적이 있다. 복싱도 인기가 있었다. 존 설리반(John Sullivan), 잭 존슨 등 유명 복서들이 출연했고 가끔 여성복서도 등장했다.

보드빌에 등장한 유명인사는 운동선수만이 아니었다. 그중에서도 특이한 사례는 헬렌 켈러였다. 헬렌 켈러는 10대 시절에 키스-알비 서킷으로부터 몇 차례의 출연제안을 받았지만 매번 거절하였다. 시끄럽고 거친 보드빌 관객앞에서 강연을 하기보다는 책을 쓰고 셔토커 강연을 해서 돈을 버는 것이 더 좋은 일이라고 생각했던 것이다. 그러나 1919년에 경제적 궁핍에 직면한다. 그녀는 사회주의자였다. 1913년에 쓴 사회비판적 저서인 〈어둠으로부터(Out of the Dark)〉는 잘 팔리지 않았고 셔토커에서 번 돈도 신통치 않았다. 또한 그녀를 다룬 무성 다큐 영화 〈구출〉이 그녀의 정치적 성향을 제대로 표현하지 못했다는 불만이 있어서 대중에게 직접 설명하는 것이 좋겠다고 생각했다.

여기서 셔토커에 대한 설명이 필요할 것 같다. 셔토커(Chatauqua)는 19세기말에서 20세기 초반까지 행해졌던, 성인들을 위한 교육용 강연이자 엔터테인먼트로서, 교육기회가 적었던 시골에서 많이 행해졌다. 셔토커는 1870년대 뉴욕의 목사들이 셔토커 호수 주변에서 행한 이벤트로부터 시작된다. 오늘날 교회의 일요학교처럼 일요일에 신도들의 교육을 위해 행하던 오락이었는데 점점 타지역으로 확산되어 갔고 여러 지역에서 셔토커 협회가 결성되면서 인기있는 행사가 되었다. 미국에는 1840년대에 문화회관 운동(Lyceum Movement)이 있었는데 셔토커는 이를 이어받은 것이다. 아직도 몇몇 지역에는 셔토커 협회가 있어서 교육활동을 계속하고 있다.

헬렌 켈러로서는 셔토커가 매우 어울리는 행사였지만 보드빌에 비해 대우가 열악했고, 계속 여러 지역을 순회해야 했기 때문에, 특히 앤 설리반에게는 매우 힘든 일이었다. 반면 보드빌은 한 지역에서 일주일을 체재하면서 공연하기 때문에 이런 부담이 없었다. 또한 보드빌을 통해 세상에서 가장 불행한 역경을 극복한 여성의 이야기를 들려줌으로써 대중들을 교육할 수 있을 거라는 기대감도 있었다.

켈러는 1920년 겨울부터 1924년 여름까지 거의 5년 동안 보드빌에 출연했다. 물론 5년 내내 계속한 건 아니고 중간중간 휴지기도 있었지만 이렇게 장기간을 보드빌에 출연했다는 건 과거와는 달리 보드빌에 흥미를 느꼈음을 의미한다. 반면 앤 설리반은 싫어했다. 거친 관객들 앞에서 켈러를 인도해서 공연을 한다는 게 쉬운 일이 아니었던 것이다.

그녀는 1920년 팰리스 극장에 출연한다. 〈행복의 별〉이라는 제목 아래 홍보전단에는 이렇게 씌어 있었다. '시각장애, 청각장애에 과거엔 놓아였던 헬렌 켈러는 인간이 직면한 가장 큰 장애를 극복하고 승리한 모습을 보여줍니다.' 막이 올라가면 앤이 응접실에 앉아 있고 멘델스존의 〈봄노래〉가 흘러나온다. 앤이 몇 분간에 걸쳐 켈러가 어떻게 고난을 극복했는지 설명한다. 그리고 앤이 켈러를 무대로 인도하면 켈러가 피아노 앞에 앉아 큰 소리로 외친다. '세상은 아름답다'. 이는 관객들에게는 경이였다. 헬렌 켈러는 시청각 장애는 물론 말도 못한다는 소문이 있었기 때문이다.

그러나 헬렌 켈러는 말을 했고 앤은 이를 통역했다. 그녀의 언어는 손가락 언어였다. 한 손가락은 앤의 입에, 두 번째 손가락은 콧등에 세 번째는 목구멍에 대고 진동으로 말을 이해하는 것이었다. 대중들은 그녀의 모습과 그녀에 대한 소문을 확인하고 싶어서 온 사람들이었다. 퍼포먼스는 어둡지 않았고, 켈러는 시종일관 웃음을 띠었다.

공연은 대성공이었고, 경제적 곤경을 탈피할 수 있었다. 뉴욕 타임즈는 매우 긍정적인 기사를 실었다. '헬렌 켈러가 다시 한 번 정복했다. 가장 냉소적이고 비판적인 팰리스의 관객들을.' 대중들은 켈러와 앤이 투어를 하는 동안 매우 따듯하게 맞아주었다. 켈러는 훗날 '처음에 댄서, 가수, 아크로바트, 동물과 함께 등장하는 우리가 이상했다. 그러나 우리와 그들의 차이가 신선함과 흥미를 더해 주었다.'고 회고했다. 켈러는 주당 2천 달러를 받는 스타가 되었다.

이번에는 오르페움 서킷과 캐나다를 포함한 북미 투어계약을 체결한다. 키스의 팰리스 극장에서 데뷔하여 오르페움 서킷과 순회공연을 하게 된 것이다.

켈러는 자신의 이야기를 들려준 뒤 관객과 질의응답 시간을 가졌다. 관객이 질문했다. '몇 살이세요?', '16살에서 60살 사이입니다.', '말을 하면 피곤하지 않나요?', '말하다가 지친 여성을 본 적 있나요.' 시라큐스에서 어머니에게 보낸 편지에서 '관객은 나에게 흥미를 느끼고 있어요. 계속 침묵을 유지하면서 최고의 관심을 보여주고 있어요. 박수를 치진 않지만 우리의 이야기에 깊이 몰입하고 있음을 알 수 있어요.'

그녀는 보드빌을 좋아했다. 살아온 세상보다 보드빌이 훨씬 더 좋다고 하였다. 그러나 헬렌 켈러는 1924년에 보드빌을 떠난다. 앤 설리반의 시력이 더욱 악화된데다 다른 신체적 이상까지 생겼기 때문이다. 그러나 그보다 더 큰 원인은 켈러의 원대한 계획을 실행하기 위해서였다. 시각장애인 협회의 대변인, 미국 시민자유 연합의 창립멤버가 되어 사회운동에 뛰어들었던 것이다. 그녀는 사회주의자였고 미국사회의 불평등에 대해 늘 깊은 분노를 느끼고 있었다.

• **체리 시스터즈**

보드빌 출연자 중에는 가족 단위, 남자형제, 자매들로 구성된 공연단이 많았다. 막스 형제(Marx Brothers), 니콜라스 형제, 리츠 형제, 베리 형제... 등의 남성 형제공연단과 힐튼 시스터즈(노래와 춤에 능했던 쌍둥이), 달리(Dolly) 시스터즈(노래와 춤), 던칸 시스터즈(코메디), 검(Gumm) 시스터즈(주디 갈란드가 포함된), 그리핀 시스터즈(첫 흑인 여성 자매들)등 자매들로 구성된 여성 공연단, 그리고 네 명의 코핸(Four Cohans)으로 알려진 코핸 가족 등의 가족 공연단이 있었다. 버스터 키튼도 처음에는 그의 부모와 함께 데뷔했다는 사실은 많이 알려져 있지 않다. 이들은 대부분 전문적인 노래와 춤솜씨를 갖춘 연예인들이었지만 그렇지 않은 시스터 액트도 있었다.

체리 시스터즈(Cherry Sisters)는 애디, 에피, 엘라, 리지, 제시 등 다섯 자매로 구성된 시스터 액트로, '세상 최악의 자매 공연단'이라는 별명을 가지고 있었다. 그들의 공연은 너무 형편없어서 관객들의 히스테리를 자극할 정도였다. 이들이 공연단을 구성한 것은 1893년 시카고 만국박람회 참관비용 마련을 위한 것이었다. 시골에서 자란 농촌처녀들로서 어색한 사투리로 발라드곡을 연습했다. 조명을 받으면서 공연을 해 본 적이 없는 이들은 동네 사람들의 격려를 받으면서 아이오와의 몇몇 지역으로 순회공연을 떠난다.

중서부 지역의 극장을 순회하면서 자매들은 관중들의 야유 정도는 아무렇지도 않게 받아들였다. 관객들은 썩은 달걀이나 과일, 양배추, 토마토 등을 던지면서 야유를 보냈다. 어떤 지역에서는 달걀을 던지고 무대 뒤로 자매들을 쫓아와서 놀리기도 하였다. 형제들을 보호하기 위해 맏언니 애디는 권총을 가지고 다녔다. 어느 지역의 평론가는 '자매들이 너무나 가난하고, 무식하고, 우둔하다'고 하였다. 1892년 어느 신문은 그들에게 담배꽁초나 쓰레기를 던져도 그들은 그저 감사히 노래를 부를 뿐이라고 하였다.

관객들은 심지어 소화전을 무대 위로 던지기도 했는데, 주최측에서 이를 막기 위해 무대커튼을 내리고 공연하였다. 그들은 술을 입에 대지도 않았다. 언젠가는 피아니스트하고 일주일 동안 말을 안한 적이 있는데, 그 피아니스트가 상소리를 했기 때문이었다. 언론에서는 수시로 그들을 비판하는 기사를 써댔다. 그들은 비도덕적이라는 이유로 춤추기와 일요일 공연을 거부했다. 오로지 도덕적인 노래만을 되풀이했다.

이들이 공연을 하게 된 것은 가난에서 벗어나기 위해서였다. 일리노이의 농촌에서 태어난 자매들은 어려서 부모를 잃고 농사로 생계를 꾸려야 했다. 그러다가 공연을 통해 돈을 벌 수 있는 길을 알아보다가 1893년에 마리온 오페라 하우스라는 지역 극장에서 친구와 친지들을 모아놓고 공연을 했다. 그러나 평판은 매우 나빴다. 공연이 시작되자 불과 몇 분만에 관객들은 야유를 했고 채소를 집어던졌다. 그러나 자매들은 관객반응이 나쁜 것이 아니라 오히려 그들을 격려하는 행동으로 여겼다. 이런 반응에 아랑곳하지 않고 이들은 악평과 채소를 수익성 높은 경력으로 바꾸어나갔다. 극장은 만석이 되었고 자매들은 돈을 벌었다. 3년여 동안 캔사스, 일리노이, 아이오와 주를 돌면서 순회공연을 했다.

오스카 해머스타인은 뉴욕에 올림피아 극장을 지어놓고 흥행부진으로 파산직전에 몰려있었다. 1896년 어느 날 모닝 월드라는 신문에 나온 체리 시스터즈에 대한 기사가 그의 눈을 사로잡았다. '음울하고 진지해서 관객들은 복도에서 배꼽을 빼도록 웃었다'. 해머스타인은 가능성을 생각했다. '지금까지는 톱 스타만을 공연했지만, 그런 시대는 갔다. 최악의 배우들을 데리고 공연해 보자'. 그래서 무대감독을 보내서 계약을 체결했다. 16주간의 공연이 매진되어 그는 기사회생할 수 있었다. 해머스타인은 여기서 노이즈 마케팅을 사용했다. 세아들을 시켜 야유를 하게 하고 채소를 집어던지게 했다. 다른 관객들 역시 마찬가지 행동을 했다. 극장측은 무대에 그물을 쳤다. 체리 시스터즈의 기행은 이것만이 아니었다. 릴리언 러셀 등 당시의 톱 스타들을 초청한 파티에 초대를 받았지만, 공연후에는 자는 것이 습관임을 내세워 이를 거절하였다. 관객을 사로잡은 건 체리 시스터즈의 높은 예술성 때문이 아니라 호기심이었다.

올림피아에서 공연을 마친 후 프록터 극장에서 추가로 2주를 더 공연했다. 의기양양해진 체리 시스터즈는 미국-캐나다 투어에 나섰고, 대부분의 공연에서 매진을 기록했다. 뉴욕에서 악명을 얻고 나자, 그 소문은 가는 곳마다 흥밋거리가 되었다.

막내 제시가 장티푸스로 사망하면서 아이오와 농장으로 은퇴했다. 7년여 동안의 공연에서 무려 20만 달러의 돈을 모았다. 그들은 최악의 배우로 시작하여 끝날 때까지 전혀 개선이 이루어지지 않은, 세상 최악의 연예인이었다. 그들이 견뎌낸 수모, 관객들이 천방지축으로 던져대는 투사물에 부상을 입지 않은 것만 해도 큰 축복이었다. 어떤 기자는 이 기적을 '형편없는 사격술과 놀랄만한 민첩함'이라고 표현했다.

돈이 떨어지자 컴백을 시도했지만 더 이상의 운은 없었다. 1913년 시카고 극장에서의 첫날 공연수입은 7달러였고 둘째날 수입은 약간 늘어서 11달러였다. 그들은 홍보부족을 비난했다. 1935년에 뉴욕의 한 극장주가 그들을 불렀다. 그러나 관객들은 하품을 하거나 퇴장해버리고 말았다. 애디는 1942년에 사망했고 마지막으로 에피는 2년후에 죽었다.

어떻게 자매 전부가 그렇게 멍청하고 관객들의 조롱에도 태연할 수 있을까?

어떤 기자가 이를 추적했다. 그들은 그들의 공연이 그렇게 최악이라는 것을 알고 있었을까? 아니면 관객을 즐겁게 하기 위해 고의로 못한 것일까? 그 기자는 이렇게 결론을 내렸다. 청교도주의와 전시주의(exhibitionism)가 결합된 것이다. 그들은 덕이 어둠의 힘을 물리치는 모습을 상상했고 그 등불을 들고자 했다. 그들은 섹스 어필하는 여성배우들을 증오했다. 여성들은 무대에서 노출하면 품격이 떨어진다. 여성은 여성을 괴롭혀 온 죄악에 대항하여 싸워야 한다. 공공장소에서는 담배를 피워서는 안 된다. 그렇게 되면 여성으로서의 매력을 잃어버리고 남성처럼 보이게 되고 말 것이다. 전성기 때 제시는 '나의 첫 담배'라는 경고성 노래를 한 적도 있었다. 체리 시스터즈는 평생을 타락에 대한 투쟁으로 일관했다.

대중들은 그들이 얼마나 잘하는지가 아니라 도대체 얼마나 못하는지를 보러 나왔다. 보드빌에는 재능없는 사람들의 공연이라는 전통이 있다. 그저 신기하고 새로우면 관심을 갖는 것이다. 공연이나 예술의 성공원인에는 여러 가지가 있지만 그 중 하나는 충격가치(shock value)가 있다. 일상적이지 않은 특이한 것, 충격적인 것이 예술적 흥미를 자아내는 경우가 있다. 예술은 반드시 아름다운 예술성만이 아니라 충격과 예외 등의 요소도 함께 평가되어야 한다. 엔리코 카루소보다 더 인기가 있었던 보드빌리언들은 아마도 그런 사람들이었을 것이고, 체리 시스터즈도 그런 유형의 시스터 액트였다.

5장 인종주의

1. 짐 크로우법

보드빌이 등장하기 전 미국의 대중 연극은 모든 대중을 대상으로 하기보다는 특정 계층을 대변하는 경향이 있었다. 관객 대부분이 남성이었고, 외설스러움이나 음주 등이 주를 이루었다. 연극이 19세기에 큰 인기를 얻었지만 모든 대중들에게 열려있는 장르는 아니었다.

보드빌은 계급과 성별, 인종을 구분하지 않는 평등주의적이고 대중적인 문화를 지향하였다. 그렇지만 보드빌은 완전한 평등에 이르지는 못했다. 여성과 어린이들을 유치하려고 한 것은 민주적 목적에서라기보다는 상업적 목적에서 출발한 것이었다. 민주적인 장르라고 홍보를 했지만 비민주적인 엔터였다.

심각한 불평등은 인종간 차별이었다. WASP 이외의 인종은 전부 타자였다. 호미 바바의 표현처럼 색깔은 곧 차별을 의미했다. 아시아계와 흑인은 열등한 인종이었다. 인종주의는 19

세기 - 20세기를 관통하는 미국인들의 역사인식 방식이었다. 백인들이 개척한 미국 땅에서 백인 이외의 인디언과 유색인종들은 타자였고, 미개하고 야만적인 인종이었다. 약자들의 조직인 화이트 래츠(보드빌 노조)[25] 조차도 여성과 흑인을 차별했다. 출범 당시 노조가입 대상은 남성, 그것도 대도시에 사는 백 명의 백인 보드빌리언으로 제한하였다. 그들은 대도시에서 활동하는 살만한 배우들이었고, 그들이 내건 조건은 요구가 관철되지 않으면 공연하지 않는다는 것이었다. 이들은 하루하루 벌어 먹고사는 많은 연예인들의 고통을 모르는 사람들이었다.

화이트 래츠의 화이트는 백인만을 위한 조직이라는 뜻이 내포되어 있었다. 그리고 1912년에 정한 내규에서는 아예 유색인종을 제외하는 규정을 만들었다.

래츠는 여성의 가입도 금지했다. 대다수의 래츠 회원들은 여성들은 집에서 가사일에만 종사해야 하는 '약한 성'으로 인식했다. 이는 당시의 만연된 편견이었다. 그러나 200여 명 이상의 여성배우들이 가입을 신청하자 1901년 1월 열띤 논쟁 끝에 회원들은 쥐양(ratlamb)이라는 별도조직을 만들어 가입을 허용한다. 릴리안 러셀이나 제니 예만스(Jennie yeamans) 같은 스타들도 신청했다. 나중에 랫램은 어감 때문에 화이트 스타즈로 바뀐다. 그러나 래츠는 화이트 스타즈를 동등한 권리를 갖는 단체가 아니라 산하단체로 인식했다.

*25)
화이트 래츠에 대해서는 4장 1절 참조.

1910년 10월 화이트 래츠는 미국 여배우 연합회(Associated Actresses of America, AAA)라는 별도의 여성지부를 설치한다. 1년 뒤에 래츠는 수천명의 여성이 가입했다고 발표하지만 아직 그들은 정규회원이 아니었다.

흑인차별은 더욱 심각했다. 흑인차별은 〈짐 크로우 법〉으로 제도화되어 있었다. 1876년부터 시행되어 1965년까지 거의 90년 동안 흑인을 차별한 대표적인 차별법이었다. 흑인은 화장실, 버스, 기차, 해변가에서조차 차별받았다. 마틴 루터 킹의 흑인민권운동은 1955년에 흑인여성 로자 파크스(Rosa Parks)가 알라바마의 버스에서 짐 크로우법을 위반한 사건에서 시작된 것이었다. 파크스가 백인들의 탑승구역인 앞자리에 타자 운전수가 이를 제지하려고 했고 로자 파크스가 완강히 거부한 사건이었다.

래츠는 흑인의 가입을 금지했다. 독일, 유대인, 히스패닉까지도 영어권 노조가입을 허용했지만 흑인들은 막았다. 래츠는 클로즈드 샵을 목표로 했기 때문에 회원이 아닌 흑인들은 더더욱 공식적 혜택에서 멀어져 갔다.

흑인들은 노조결성이 유행처럼 번지던 1900년 자강조직을 만들어 차별을 극복하려 했다. 1908년 조지 워커(George Walker)는 유색 보드빌 자선연합회(Colored Vaudeville Benevolent Association)라는, 일종의 흑인 연예인 노조를 결성하였다. 이를 개구리(Frogs)라고 불렀다. 래츠는 이 조직을 지부로 인정할 것인지를 검토했다. 그러자 백인 경영자들은 이에 강하게 반발했고, 알비는 1911년 〈연합회〉의 대표자와 회동하여, 경영자들이 그들의 고통을 해결해 줄 테니 흑인들은 일을 찾기 위해 노조에 가입할 필요가 없다고 회유했다. 노조에 참여하면 블랙리스트에 올라가고 취업에 불이익을 받을 것이라고 협박하였다. 알비는 이미 J. 머독[26]이 준비한 블랙리스트를 갖고 있었고, 블랙리스트를 실행에 옮기기 위해 보드빌 경영자 보호협회(VMPA)를 결성했다.

흑인들은 보드빌 출연이 어려웠다. 1902년 흑인 보드빌리언은 2% 정도였는데, 1905년에는 반으로 줄었고 1차대전 전에는 80명 중 1명이었다. 스몰 타임이 하루에 8-10개 프로그램을 공연했으니까 흑인은 하루에 1명 정도 출연한 결과가 된다.

흑인 보드빌리언들은 일자리가 줄어들자 스마트 세트(smart set)를 모델로 한 공연단을 조직하여 투어공연에 나섰다. 스마트 세트는 흑인 보드빌리언 겸 임프레사리오 셔먼 더들리(Sherman Dudley)가 인수한 흑인공연단으로 순회공연을 위주로 했다. 흑인들은 보드빌에서 점점 멀어져갔다.

흑인들은 극장출입도 제한을 받았다. 대부분의 극장에서 흑인들의 티켓판매창구, 출입구 등을 분리하였다. 그래서 흑인들은 대부분 2층, 그것도 맨 꼭대기에만 입장할 수 있었고, 어떤 곳에서는 아예 입장을 불허했다. 흑인들은 2층을 독수

*26)
스코틀랜드 이민자로 신시내티에서 무대용역을 하다가 시카고에 가서 극장관리업무를 한다. 이어 키스-알비의 직원이 되었다가 책임자로 승진한다. RKO설립시까지 알비와 운명을 같이 한다. 1,200만 달러의 재산을 가진, 엔터 산업의 20대 부자로 선정된 갑부였다.

리 지붕(buzzards roofs)이나 까마귀 둥지(crows' nest)로 불렸다. 2층 맨 꼭대기에 올라가려면 수십 개의 계단을 숨을 헐떡이며 올라가야 했다. 영화관에서는 백인들을 위한 영화상영이 끝난 후에 흑인을 위한 영화를 상영하는 곳도 있었다. 이를 한밤중의 산책(midnight ramble)이라고 불렀다.

흑인에 대해 백인 보드빌리언들은 강한 적대감을 가지고 있었다. 오스카 해머스타인이 탁월한 흑인 연예인 버트 윌리엄스(Bert Williams)를 출연시키자 백인들은 이에 항의했다. 해머스타인은 그의 이름을 포스터의 하단으로 옮기는 대신 큰 글자로 표기하여 이를 무마했다. 이런 사례도 있었다. 버트 윌리엄스는 뉴욕의 한 호텔에서 입장을 거부당했다. 그러자 주머니에서 돈뭉치를 꺼내 그 방 안의 모든 손님들에게 술을 샀다. 세인트루이스의 한 바에서 진 한잔을 주문하자 백인 바텐더는 그를 내쫓으려고 한 잔에 50달러를 내놓으라고 요구했다. 그러자 윌리엄스는 500달러를 내놓았다. 흑인들은 식당이나 엘리베이터에서도 동승을 거절당했다.

백인들은 흑인들과 같은 무대에 서는 것조차 꺼려했다. 그레이스 켈리의 삼촌, 월터 C.켈리는 버트 윌리엄스와 같은 무대에 서기를 거부했다. 조 키튼(Joe Keaton)은 그와 같이 서기를 원했지만 무대가 분리되어 있었다. 버스터 키튼은 평생 백인이 흑인과 같이 한 무대에서 공연하는 것을 본 일이 없다고 회고했다.

버트 윌리엄스는 보드빌보다 레뷔나 뮤지컬 코미디에 더 관심을 가졌고, 밥 코울(Bob cole)과 로자몬드 존슨(Rosamond Johnson)도 1906년에 보드빌을 떠나 뮤지컬 코미디에 출연한다. 밥 코울은 가장 고통스러운 것은 흑인이라서 일자리를 얻지 못하는 것이라고 회고한 바 있다. 아무리 탁월한 실력을 갖고 있어도 흑인에 대한 보이지 않는 편견이 있었다. 백인들은 흑인들이 오페라 아리아나 클래식 음악에는 소질이 없다는 편견을 가지고 있었다.

그런 척박한 환경에서 처음으로 흑인 공연단을 구성하여 흥행을 목적으로 순회공연을 나선 건 팻 차펠(Pat Chappelle, 1869-1911) 이었다. 샤펠은 키스-알비 극장에서 피아노 연주를 하면서 엔터 사업을 배워 1898년에 처음으로 순회공연을 나섰다. 백인들과 함께 지방공연을 할 경우에는 같은 호텔에 숙박할 수가 없어서 버스에서 자야 했다. 오히려 딱딱한 마룻바닥에서 자는 것보다 더 편했다. 1900년대 중반부터는 텐트 순회공연과 함께 극장에서 안정적으로 공연을 하게 된다. 인기가 점점 상승하고 있었는데 차펠은 1911년 갑자기 사망하고 만다.

2. 토바(TOBA)

시장의 팽창에 따라 흑인 보드빌리언만 출연하는 짐 크로우 극장이 늘어났다. 이들은 스몰 타임이었고 개런티는 낮았다. 짐 크로우 극장 경영자들은 상황이 바뀌면 공연이 임박해서도 아무렇지도 않게 예약을 취소해버렸다. 그래서 흑인들을 위한 서킷이 필요했다. 마틴 클라인(Martin Klein)은 중서부에서 활동하고 있었고 셔먼 더들리는 남부 지역의 예약 에이전트를 하고 있었다. 클라인은 흑인 연예인들에게 높은 개런티를 지급하려고 했다. 그의 희망은 자신의 서킷을 갖는 것이었다.

짐 크로우 극장은 클라인의 개런티 정책에 반발했다. 클라인과 더들리를 통하지 않고 직접 예약하려고 했다. 1917년 클라인은 스마트 세트를 모델로 한 순회공연을 기획했다. 16주를 보장했고 개별적인 보드빌리언에게는 12주를 보장했다. 이 해에 더들리와 워싱턴의 뉴 하워드 극장의 극장장 사이에 분쟁이 발생한다. 극장장이 더들리의 높은 개런티에 반발하여 계약을 파기한 것이다. 그러자 더들리는 그 극장 출연자를 블랙리스트에 올렸는데, 극장주들은 일제히 하워드를 응원하면서 더들리와 결별했다

사업이 위기에 처하자 더들리는 마틴 클라인과 합병하고 자신은 클라인의 남부 지역 관리자가 된다. 새롭게 구성된 에

이전시는 30주를 보장했다. 이를 '클라인 타임'이라고 불렀다. 그런데 클라인 타임의 남부지역 공략은 극장주들의 반발을 불렀다. 1918년 짐 크로우 극장의 극장장들은 독자적인 서킷을 구성한다. 이들은 클라인보다 더 낮은 개런티를 주었지만, 짧은 점프와 더 많은 남부의 공연을 약속했다. 백인 경영자들이 윌리엄 모리스의 고가 개런티 정책에 반대한 사건과 유사한 것이었다. 유색 보드빌은 높은 개런티와 간접비의 증가로 위기에 처할 것이라는 경고들이 나왔다

독립극장은 클라인의 에이전시와 싸웠다. 그들이 내민 카드는 카르텔의 구성이었다. 이것이 바로 1920년에 탄생한 극장소유주 예약연합회(Theatre owners' Booking Association,-TOBA)였다. 토바(TOBA)는 흑인들을 위해 독립극장들이 더들리 서킷과 제휴하여 설립한 조직이었다. 토바는 클라인 타임에서 공연하는 연예인을 블랙리스트에 올렸다. 낮은 개런티와 블랙리스트로 인해 많은 클라인의 고객이 토바로 이동한다. 20년대 중반 전성기에는 100여 개의 극장이 가입하고 있었다

1921년 5월 클라인과 더들리는 경쟁을 자제하고 합병하기로 하고, 더들리는 토바의 동부지역 매니저를 맡는다. 그러나 토바는 긴 점프(이동시간)와 낮은 개런티, 열악한 처우로 원성이 높았다. 그래서 흑인 연예인에 인색한 조직(Tough on Blacks Artists, TOBA)이라는 별명으로 불렸다. 이렇게 되자

회원사는 점점 줄어 1925년에는 50개의 극장이 남았다. 더들리가 관여하고 있던 흑인 보드빌 노조의 회원은 250명이었다.

흑인 서킷은 토바 이외에 〈경영자와 배우 연합서킷〉도 있었지만 토바에 비해서는 활동이 미약했다.

3. 블랙페이스

블랙페이스(blackface)는 19세기 미국 대중문화의 중요한 키워드였다. 민스트럴시를 만든 블랙페이스는 보드빌에 진출했고, 이어 영화로도 확장한다. 에디 캔터와 알 졸슨은 블랙페이스로 유명해진 스타였다. 블랙페이스는 영국에서도 유행했다.

블랙페이스는 백인이 흑인분장을 한 것이었지만 나중에는 흑인들이 블랙페이스를 하고 출연한다. 검은 얼굴에 더욱 더 검은 분장을 하는 것이다. 그래서 이들을 진짜 사람(real people)이라고 불렀다.

블랙페이스는 인종주의 논쟁을 일으켰다. 민스트럴시에서는 흑인을 게으르고 미련한 인종으로 묘사했고, 백인 관객들은 이를 보고 좋아했다. 그러나 블랙페이스는 흑인문화를 양지로 끌어올림으로써 미국의 대중문화 형성에 기여했다. 남부의 농장에서 고단한 노동에 종사하면서 발생한 노래와 춤은 곧 미국의 문화적 자산이 되었다. 이를 발굴한 것이 곧 민스트럴시였던 것이다.

• 두 명의 진짜 흑인

조지 워커(George Walker, 1873-1911)와 버트 윌리엄스(Bert williams, 1874-1922)는 20세기 초반 흑인 코미디언 듀오였다. 흑인 연예인이 많지 않던 시기에 이들은 최고의 인기를 구가한 명콤비로 노래, 춤, 이야기, 팬터마임 등 다양한 분야에서 재능을 발휘한 연예인이었다. 워커는 캔사스 출신으로 메디신 쇼와 보드빌의 베테랑이었고, 윌리엄스는 바하마 출신으로 어릴 때 미국으로 이민온 흑인이었는데 완전한 검정색 피부는 아니었다. 이들은 1893년 샌프란시스코에서 만나 활동하다가 1896년 뉴욕으로 간다. 1899년경이 되면 프록터, 해머스타인, 토니 패스터, 코스터와 비알, 그리고 키스의 유니온 스퀘어 극장 등 뉴욕의 대부분의 메이저 극장에서 공연한다. 1900년에 〈함의 아들들(Sons of Ham)〉[27]이 크게 히트하여, 2년 동안 롱 런했고 전국투어까지 한다. 〈워커와 윌리엄스 사(Walker & Wiliams Company)〉라는 회사를 설립하여 레코딩을 하는 등 사업에도 성공한다.

이들은 스스로를 '두 명의 진짜 흑인 two real coons'이라고 불렀다. 백인들이 흑인으로 분장하는 것보다 흑인인 본인

*27) 창세기 노아의 방주편에는 노아의 세 아들 셈, 함, 야벳이 나온다. 함은 둘째 아들로 아프리카의 시조가 된다.

들이 블랙페이스를 하고 흑인역을 담당하는 것이 진짜라는 것이었다. 누구보다도 흑인 역할을 잘 할 수 있다는 자신감을 가지고 있었고, 흑인의 애환을 잘 알고 있었고, 직접 많은 경험을 했기 때문이었다.

이런 뛰어난 연예인임에도 흑인에 대한 차별은 여전했다. 1911년 워커가 사망하고 홀로 남은 윌리엄스에게 플로렌즈 지그펠드가 지그펠드 폴리스 출연을 제안했다. 그러자 백인 연예인들이 반대한다. 당시로서는 백인들만 출연하는 공연장에 흑인이 홀로 출연하는 건 있을 수 없는 일이었다. 지그펠드는 '버트 윌리엄스는 독특한 능력을 가진 연예인이다. 당신들은 누구나 다른 사람으로 대체할 수 있지만 윌리엄스는 대체 불가능하다'고 하였다.

블랙페이스는 스타가 되는 방편이 되기도 했다. 루이즈 조세핀 컬린(Louise Josephine Kerlin)은 연예인이 되고 싶어서 18세 때 유명한 쿤 송 작곡가인 폴 드레서(Paul Dresser)를 찾아간다. 드레서는 그녀의 이름을 드레서로 바꿀 것을 권유한다. 루이즈는 이름을 루이즈 드레서로 바꾸고 드레서의 제자가 된다. 자연스럽게 드레서의 누이동생 행세를 하면서 그의 모든 노래를 불러서 히트한다. 그녀의 성공에는 블랙페이스 분장이 있었다. 그녀는 흑인소녀로 분장했다. 이를 픽스(picks)라고 하였는데 검둥이 아이를 뜻하는 피커니니(pick-aninny)를 줄인 말이었다. 피커니니는 노예시대의 용어로 아침부터 저녁까지 목화를 따던 흑인노예 아이를 가르키는 말이었다. 픽스는 머리를 땋아내리고 멜빵바지를 입고 얼굴을 검게 칠했다. 이는 당시의 관습이었다. 당시의 유명한 연예인들, 플로렌스 밀스(Florence Mills), 윌리 코반(Wilie Coban), 빌 보장글 로빈슨(Bill Bijangle Robinson)이 픽스 출신이었다.

블랙페이스 분장을 한 스타중에 소피 터커가 있다. 그녀는 몸이 뚱뚱해서 이를 보완하기 위해 블랙페이스를 했고, 큰 목소리를 가지고 있던 메이 웨스트는 쿤 송을 부르기 위해 블랙페이스를 했다. 이 밖에 페이 템플턴, 마리 드레슬러 등의 스타가 모두 블랙페이스를 통해 스타가 된 여성들이었다.

그러나 이런 유행도 오래가지 못했다. 1910년대에 결성된 유색인종 발전을 위한 전국연합회(NAACP)로부터 강한 비판이 나왔다. 앞으로는 인종주의를 연상케 하는 활동보다 평등과 공정을 담은 노래를 해달라, 그리고 블랙페이스는 삼가달라는 주문이었다.

4. 흑인음악과 춤

미국문화는 흑인들에게 많은 빚을 지고 있다. 남부 농장의 혹독한 노동에서 그들을 위로한 건 노래와 춤이었다. 민스트럴과 보드빌은 이를 받아들여 풍성한 미국의 대중문화를 형성한다.

재즈는 캬바레에서 많이 공연되었고 이를 계기로 전국적으로 유행하기 시작한다. 1차 대전이 끝날 무렵에 재즈 광풍이 몰아친다. 그러나 레스토랑이나 캬바레에서 재즈 열기가 뜨거웠지만, 보드빌에서는 재즈를 등한시했다. 거기엔 두 가지 이유가 있었다. 우선 재즈를 혐오하던 관객들이 있었다. 공연 도중 아예 퇴장하는 관객도 있었다. 두 번째 원인은 인종주의였다. 랙타임보다 재즈가 더 흑인 음악으로 인정받고 있었다. 보드빌에서는 흑인들의 출연 기회가 적었기 때문에 그 인기에 비해 재즈 공연이 많지 않았다. 그래서 소피 터커는 흑인에게 별도로 재즈를 배웠다. 백인 연예인들은 흑인과 같이 공연하는 걸 기피했다. 흑인들은 주로 토바(TOBA)에서 공연했다. 메이미 스미스(Mamie Smith)는 백만 장의 레코드를 판매한 최고의 뮤지션이자 백인 사이에서도 큰 인기가 있던 흑인 가수였지만, 토바에서만 공연했다. 그녀의 인기가 확인되자 1922년에 가서야 비로소 마커스 로우의 극장에서 공연할 수 있었다.

연예인들로서는 보드빌 순회공연보다 캬바레나 레스토랑에서 공연하는 게 더 유리했다. 보드빌은 주로 레코드 홍보용으로 이용되었다.

재즈가 보드빌에서 인기 프로그램이 된 것은 1920년 경이다. 딕시랜드 재즈밴드가 이 때부터 출연했다. 최고의 재즈 뮤지션 알 졸슨은 1910년에 보드빌을 떠난 뒤 보드빌 극장에 거의 출연하지 않았다. 주로 슈버트 사의 뮤지컬 코미디에 출연했는데, 이는 시대의 변화를 의미하는 것이자 보드빌의 위상을 말하는 것이었다.

쿤(coon) 송은 흑인음악을 말하고, 쿤 송을 부르던 가수를 쿤 샤우터라고 하였다. 쿤 송은 랙타임의 싱코페이션 리듬을 이용한 재미있는 노래였다. 이를 부른 보드빌리언은 소피 터커, 메이 어윈, 메이 웨스트, 패니 브라이스 등 백인들이었다.

흑인들은 민스트럴시나 쿤 송에서 무식하고 게으를 뿐만 아니라 정직하지 못한 인종으로 묘사되었다. 쿤 송에서는 흑인들을 뜨겁다(hot)고 표현했는데 이는 음탕하다는 의미였다. 흑인들은 정당한 방법으로 돈을 벌거나 생계를 유지하는 것이 아니라 도박과 사기, 도둑질로 돈을 버는 인종으로 묘사되었다.

6장 프로그램

1. 프로그램의 구성

보드빌은 '모든 것을 모든 사람에게' 보여 주던 버라이어티 쇼였다. 특출난 묘기, 재미있는 이야기, 새롭고 신기한 것, 교육적인 것, 자극적인 연기 등 대중에게 재미를 주는 모든 엔터테인먼트를 망라하였다. 개별 공연을 턴(turn)이라고 하였는데, 이 턴들은 자체적으로 완결되는 자기목적적(autotelic) 성격을 지니고 있었고, 턴들이 모여서 하나의 완성된 공연을 이루었다. 따라서 프로그램 구성에서 중요한 과제는 다양한 콘텐츠를 어떻게 통일된 전체로 구성할 것인가였다.

보드빌 경영자들은 대중들의 반응에 민감해서 관객의 외면을 받는 공연은 냉혹하게 하차시켰다. 출연자들은 대중들의 기호를 만족시키기 위해 노력해야 했고, 이는 곧 공연의 질적 향상으로 이어졌다. 빠른 움직임과 지루하지 않은 짧은 구성이 중요했다. 관객들은 자주 변하는 무대, 자극적인 퍼포먼스에 환호했다. 반면에 출연자들은 대단한 스트레스를 받았다. 끝없는 경쟁속에서 언제 출연이 중단될지 모르는 불안감에 쌓여 있었고, 대중의 기호를 만족시키기 위해 늘 긴장해야 했다. 키스가 운영하던 극장의 매니저들은 파란 봉투에 개선점을 적어서 배우에게 보내곤 했는데, 이를 어기면 검은 마크가 찍혀 다시는 출연할 수가 없었다. 파란 봉투는 곧 공포의 봉투였다.

보드빌은 대중들의 취향과 사업으로서의 오락을 잘 조정하는 것이 과제였다. 힘든 노동과 현실로부터의 도피, 그로테스크하고 축제적인 오락을 원하던 하류계층의 위반취향과 모든 계층이 향유할 수 있는 사업 사이에서 공연기획자들은 중간문화(midculture)를 택해야 했다. 극장에서의 관람태도는 세련되게 바꾸되 프로그램은 모두가 즐길 수 있는 대중적 프로그램을 채택한 것이다.

빅 타임의 표준 프로그램은 민스트럴 쇼처럼 3부로 구성되었다. 1부는 무언극(dumb act)이라고 불리운 무대로 동물쇼나 아크로바틱, 영화처럼 대사가 없는 연극이었다. 마치 셰익스피어 연극에서 프롤로그 역할을 하는 콘텐츠처럼 늦게 오는 관객이나 혹시 못 봐도 괜찮은 프로그램을 말한다. 보통 듀스 스팟이라고 불리는 2부 보드빌 액트는 스타가 되기 전의 연예인들이 벌이는 춤과 노래였다. 여기에는 자매나 형제들이 팀을 이루어 출연하는 코너가 많았다. 3부는 플래쉬라고 불리었다. 대형 무대와 유명 연예인들이 출연하였고 마술, 코메디 스케치, 플레이렛 등이 공연되었다.

• 코메디

보드빌의 표준적 공연은 남녀 보드빌리언이 한 팀이 되어 펼치는 코미디 쇼였다. 15- 20 분 정도의 노래. 춤. 아크로바틱. 저글링 등 다양한 오락을 각각 다른 출연자들이 공연하는 형식이었다. 코메디는 보드빌의 핵심적 콘텐츠였다. 당시 코메디는 크게 두 가지 형태로 나눌 수 있었는데. 하나는 그로테스크한 분장, 옷, 동작만으로 웃음을 자아내는 코미디로 기괴함이 가장 큰 특징이었다. 특이한 복장과 소도구를 들고, 어울리지 않는 의상을 입어 무언가 부조화한 모습을 보여주었다. 막스 그루초(Marx Groucho)의 두꺼운 눈썹과 콧수염, 찰리 채플린의 콧수염 등이 그런 예다.

또 하나는 스탠드 업 코미디로, 혼자서 무대를 이끌어가는 형식이었다. 이런 형식이 유행했던 건 교육적이고 문학적이며 장황한 방식으로 이루어졌던 셔토커의 영향으로 볼 수 있다. 개척자는 프랭크 페이(Frank Fay, 1891-1961)였다. 그는 1920년대의 최고의 스타였지만 괴팍한 성격과 파시스트적 이념 때문에 곧 잊혀지고 만다. 그는 사전에 잘 계획된 '대본 없는 코메디'를 구사했다.

프랭크 페이의 뒤를 이은 코메디언은 테드 힐리(Ted Healy)

와 밥 호프(Bob Hope, 1902-2003)였다. 밥 호프는 16살 때 학업을 중단하고 춤과 노래를 배워, 시카고의 스몰 타임에서 데뷔한 후 5년만에 빅 타임에 스카웃된다. 이어 뉴욕으로 와서 팰리스에 출연한다. 그의 특기는 내용보다는 코믹한 매너였다. 그는 작가를 고용하여 대본을 쓰도록 했다. 밥 호프의 전통은 조니 카슨, 제이 레노, 데이비드 레터만 등 텔레비전의 토크 쇼로 이어진다.

• 음악

음악 역시 보드빌의 핵심 콘텐츠였고, 틴 판 알리를 장악한 건 보드빌이었다. 보드빌 음악은 대중음악에서부터 클래시컬한 순수음악에 이르기까지 폭이 넓었다. 초기 음악은 코미디의 한 지류로 간주되었다. 보드빌 음악의 핵심은 남부에서 유행했던 흑인음악인 랙타임(ragtime)이었다. 보드빌은 랙타임 미학에 기반을 두었다는 말까지 나올 정도였다. 20세기 초반 랙타임의 인기는 비음악 프로그램의 인기하락을 초래하였다. 1902년~1906년 사이의 가수와 코미디언은 1917년~1921년이 되면 두 배로 증가한다. 1905년에 17%의 보드빌리언이 노래를 하였지만 10년 후에는 38%로 증가했다. 그 대신 아크로바틱, 마술, 저글링 등은 감소하였다. 음악가들은 보드빌을 신곡 홍보의 기회로 활용하였다.

랙타임이 유행하기 전에는 쿤 송이 유행했다.

재즈는 1914-16년에 등장하였다. 랙타임과 재즈는 별개의 음악으로 생각되었다. 랙타임은 소박한 삶의 표현이자 흑인들의 명랑한 정신을 표현하는 음악이었고, 재즈는 슬랩스틱 코미디에 기반을 둔 음악으로 불협화음이 가득한 음악이었다. 재즈는 랙타임보다 더 아프리카적인 음악으로 생각되었다. 재즈가 보드빌에서 관심을 끈 것은 1차대전 후로, 재즈 저글러, 재즈 코미디언, 재즈 발레, 재즈 오페라 아리아, 재즈 서커스 동물 등이 등장하면서부터였는데, 진정한 재즈가 등장한 것은 1920년경이었다.

진지한 랙타임 음악가들은 재즈를 정통 음악으로 인정하지 않았다. 일종의 소음으로 여겼고, 그래서 초기에는 재즈가 별로 인기가 없었다. 재즈는 보드빌보다는 캬바레나 레스토랑 등지에서 더 큰 인기를 얻었다. 재즈는 흑인음악이라는 인종적 편견이 자리잡고 있었고, 이로 인해 대중적 인기에 비해 보드빌에서는 좋은 대접을 받지 못했다.

• 춤

보드빌과 대중문화에 도입된 춤도 역시 남부 흑인들로부터 시작된다. 그 중에서도 케이크워크(cakewalk)가 인기가 있었다. 흑인들 사이에 댄스 경연대회가 열리곤 하였는데 여기서 입상한 사람에게 케이크를 주었다고 하여 붙은 이름이다. 커플들이 흑인 공동체의 모임이나 교회의 파티에서 추던 춤으로 우아한 춤사위를 가지고 있었다. 케이크워크는 곧 민스트럴 쇼와 보드빌에 도입된다.

한편, 랙타임이 대중음악에 침투함으로써 투 스텝 댄스가 광풍을 일으켰다. 1915년경 뉴욕에는 800여 개의 댄스홀이 있었고 시카고에는 700여 개가 있었다. 대부분의 댄스 홀에서는 술을 팔지 않았고 대신 20-30센트의 입장료를 받았다. 이는 청소년과 노동자들을 위한 전략이었다.

19세기 초반 미국에는 댄스 광풍이 불었다. 이 당시에 동물 춤이 대유행이었다. 여우 트롯(fox trot), 말 트롯, 칠면조 트롯, 게걸음, 뱀, 오리, 곰 등등. 종교단체에서는 이를 비도덕적이라고 비판했다. 이와 함께 랙타임 댄스가 도입된다. 랙타임 댄스는 폴카나 왈츠보다 동작이 단순했기 때문에 접근하기가 쉬웠고, 보드빌에서도 인기 콘텐츠가 되었다. 1903-5년 사이에 5%의 프로그램이 댄스였는데, 1912년 경에는 12%까지 치솟는다.

재즈 댄스는 1900년대 초에 시작되었다. 흑인들이 흑인 리듬과 동작을 도입하여 역동적 춤으로 만든 것이 재즈 댄스다. 1차 대전 전까지 민스트럴 쇼와 보드빌에서 3분의 1 이상의 음악은 춤을 동반하였다. 보드빌은 새로운 춤과 노래의 공간이었다.

탭 댄스도 흑인문화에서 유래한 것으로 보드빌에서도 많이 공연되었다. 탭 댄스는 서아프리카의 춤과 아일랜드의 지그

(jig)와 클로그 댄스가 결합된 춤이다. 탭 댄스의 기원은 햄보우닝(Hamboning)이라는 동작으로, 가슴과 허벅지를 쳐서 타악기 소리를 내는 동작을 말하는데, 1870년대에 이 햄보우닝과 클로그 및 지그 댄스가 합쳐져 탭 댄스로 발전했다고 전해진다. 탭 댄스는 민스트럴 쇼에서 인기있는 춤이었고, 이어 보드빌에 도입되었고, 1940년대에는 글로벌한 춤이 된다.

탭 댄스는 빠르게 미끄러지는 동작, 구두로 바닥을 때리는 동작, 그리고 점프하면서 발이 공중에서 춤을 추는 동작 등으로 구성된다. 신발은 슈즈 바닥에 금속판을 대고, 무대는 단풍나무를 사용하여 경쾌한 소리를 낼 수 있도록 개량되어 왔다. 버스터 브라운(buster Brwon), 빌 보장글 로빈슨(Bill Bojangles Robinson)등 유명한 탭 댄서들이 있었다.

- **스턴트**

해리 후디니(Harry Houdini, 1874-1926)는 탈출마술(escape art)로 유명한 전설적인 스턴트 맨이자 마술사였다. 그의 마술과 스턴트는 관객을 공포에 빠뜨린 센세이셔널한 것이었다. 헝가리 출신의 가난한 유대인 후디니는 어릴 때 신문팔이, 구두닦이 등을 전전하다가 서커스단에 입단하여 서커스와 마술을 배운다.

• 후디니가 물이 가득 든 커다란 우유통 속에 들어가면

밖에서 우유통을 열쇠로 잠근다. 후디니는 열쇠를 열고 탈출한다.

• 손과 발이 묶인 채 구속복(straightjacket)을 입고 빌딩에 걸린 로프에 거꾸로 매달리지만 이를 풀고 나온다.

• 시베리아에서는 죄수호송용 차량 탈출쇼를 하였다. 손이 결박된 채 차량에 감금되고 밖에서는 열쇠로 잠그지만 곧 탈출한다.

이들 묘기들에는 숨겨진 트릭이 숨겨져 있었지만 보통 사람의 체력과 용기로는 감당할 수 없는 묘기였다.

후디니는 1899년 오르페움 서킷의 책임자, 마틴 벡을 만난다. 벡은 그의 탈출묘기를 보고 앞으로는 탈출묘기에 집중할 것을 권유한다. 곧 유럽 순회공연에 나서 유럽 각국을 순회한다. 다시 미국에 돌아와서 보드빌 등에서 활약한다. 별명이 '수갑왕'이었다.

볼타(Volta)는 전기가 흐르는 옷을 입고 불을 붙인 가스 버너와 시가를 입에 물고, 발 끝과 머리에는 불을 붙인 손수건을 맨 채로 나타난다. 몸의 모든 방향에 전기가 흐르는 것이다. 볼타는 이런 감전을 이겨냈다. 감옥에서 2,200 볼트의 전기가 흐르는 의자에 앉아서도 태연했다.

전설적인 총잡이도 등장한다. 버팔로 빌 와일드 웨스트 쇼에 출연한 애니 오클리(Annie Oakley)는 남편이 피고 있던 담배를 총으로 쏘아 떨어뜨리거나, 총으로 촛불을 끄거나 애완용 개의 머리 위에 사과를 올려놓고 총으로 떨어뜨리기 등의 묘기를 선보였는데 보들에도 이런 총잡이가 등장한다. 가스톤 보더베리(Gaston Borderverry)대령은 그의 조수의 옷에 작은 걸쇠를 걸고 이를 총을 쏴서 맞히는 묘기를 선보였다. 마치 윌리엄 텔의 전설을 보는 느낌이다.

독일 출신의 역사 마리노(Marino)의 배 위로 네 명이 탄 3톤 차량이 지나간다. 관객들은 공포에 질려 고개를 돌리는 순간, 마리노는 웃으며 무대에 등장한다. 마리노는 이를 자동저항(auto defying)이라고 불렀다.

보드빌 관객들은 실제로 벌어지는 이런 위험한 스턴트들을 직접 보고 싶어했다. 위험한 스턴트는 관객들을 긴장시키고 몰입시키는 기능을 한다. 그래서 처음에는 웃기는 코미디 등을 하다가 중간에 이런 위험한 스펙터클을 삽입하곤 했다.

- **기억술사 Mnemonist**

볼드윈 여사(Mrs. S.S. Baldwin)에게 나다니엘 호손의 소설 속의 어떤 구절을 처음부터 끝까지 읽어준다. 볼드윈은 한 치의 오차도 없이 그 구절들을 기억해냈다.

- **동물쇼**

새, 개, 돼지, 소, 말, 노새, 코끼리 등 훈련된 동물이 무대를 걷는다. 보드빌에는 사자, 호랑이, 원숭이, 개, 말 등 온갖 동물이 등장했다. 서커스의 전통이었다.

피터는 보스턴의 키스 보드빌 극장에서 큰 인기를 얻고 있던 원숭이의 이름이다. 1909년 '커다란 원숭이가 풀만에 와서, 택시를 타고 투레인에서 저녁을 먹는다', '많은 유명인사들은 유명한 원숭이를 만난다', '유명한 원숭이가 담배를 피고 저녁을 먹고 맥주를 마신다', '피터가 하바드를 방문한다'. 피터는 스케이트를 타고 방에서 술을 꺼내 마시고 담배를 피웠고, 포크로 음식을 먹었다. 피터는 거의 사람에 가까운 행동을 하는 원숭이였다.

- **1인 다역(protean act)**

우리나라에서 멀티라고 부르는 배우는 한 연극에서 여러 가지 역할을 맡는 배우를 말한다. 이들은 의상을 재빨리 갈아입고 금방 다른 배우가 되어야 했다. 스미드슨은 게인스버러의 공작부인처럼 차려입고 숙녀의 덕을 칭송하는 노래를 불렀다. 이 노래가 끝나자 재빨리 영국 하녀의 복장으로 갈아입고 발랄한 노래를 부른다. 이어서 완전무장한 군인의 복장으로 등장하여 군가를 부른 뒤, 이번에는 남성 댄서로 변신한다.

19세기 후반 가장 인기있는 코미디 듀오였던 웨버와 필즈는 1882년부터 4년간 아일랜드, 블랙페이스, 네덜란드인으로 잽싸게 바꾸어가면서 그들의 특성을 연기하였다.

프로티언 액트는 1870년대 매우 인기있던 프로그램이었다.

• 교육 프로그램

뮤직 홀에서도 교육적인 강연이 행해졌던 것처럼 보드빌에도 교육기능이 있었다. 이는 셔토커의 영향이었는데, 특히 헬렌 켈러의 강연은 인상적인 교육이었다. 시카고에서도 보드빌의 교육적 기능을 살린 프로그램이 실행되었다. 시카고 보드빌 극장에서는 청소년 보호단체가 중심이 되어 사회개혁과 발전에 관한 토크 쇼를 진행했다. 학교 교장, 대학교수, 콘서트 설룬 주인, 여성단체 회원, 사업가 등 다양한 직종의 시민들이 참여해서 철의 역사, 건강, 시카고 시의 도시계획, 사회문제와 공동체의 성격 등에 관해 강연했다.

• 체이서

영국의 뮤직홀 관객과 달리 미국관객은 막과 막 사이이의 공백을 참지 못했다. 그래서 공연의 끝부분은 빨리 다음 공연으로 넘어갈 수 있게 대충 마무리하였다. 공연의 마지막은 지루했고, 이 때 관객들이 빠져나갔다. 그래서 한 막을 삽입하였는데, 이를 체이서(chaser)라고 하였다. 영화는 훌륭한 체이서였다. 관객들은 자리를 지키고 있었고, 오히려 빨리 영화가 시작되지 않는다고 불평을 했다.

• **극후극**

18-19세기 서양에서는 공연이 끝난 뒤 짧은 드라마를 공연하였다. 이를 극후극(afterpiece)이라고 불렀다. 과거의 공연은 보통 4-5시간 정도로 길었기 때문에 본공연과 함께 극후극과 공연전의 커튼 레이저(curtain raiser)가 있었다. 17-18세기 스페인 연극에서는 로아(Loa)라고 불리운 공연소개 순서가 있었다. 일종의 프롤로그였던 것이다. 가부키에는 본공연 시작 전에 극의 내용을 소개하는 고죠(口上)라는 코너가 있다. 이와는 약간 다르게 커튼 레이저는 미리 입장한 관객을 위해 준비한 짧은 드라마를 말한다.

극후극은 오늘날 음악회나 퍼포먼스의 앙코르를 연상케 한다. 그러나 앙코르는 관객의 요청에 의해 때로는 관객들이 선호하는 곡을 다시 보여주는 것이지만, 극후극은 이미 미리 짜여진 프로그램을 보여주는 것이어서 앙코르와는 다르다.

초기 보드빌에는 극후극이 있었다. 토니 패스터 극장의 극후극은 인기 프로그램이었다. 20분 정도의 연극적 혼합물로서 코믹 드라마의 확대로 볼 수 있다. 본 공연이 끝나면 출연자들이 다시 등장하여 벌레스크와 같은 화려한 스펙터클을 선보였다. 팬터마임이나 코메디아 델라르테[28]에 등장하는 할러퀸과 콜럼바인 등의 이야기를 기본으로 하였다. 대부분은

*28) 코메디아 델라르테(Commedia dell'arte)는 16세기에서 18세기 사이에 이탈리아에서 유행한 즉흥극. 당시 유럽에서 인기있는 공연이었고, 오늘날에도 하나의 연극형태로 남아있다. 10명 정도로 구성되며, 대본없이 열린공간에서 무료로 공연된다. 할리퀸, 콜롬바인 등 정형화된 캐릭터가 있었다.

대사가 없는 공연이지만 때로는 노래나 대화가 들어가는 공연도 있었다. 어떤 극후극은 대중의 기호에 맞추어 제작된 레파토리도 있었다.

그런데 극후극은 1890년대에 빅 타임이 스몰 타임인 연속 보드빌로 바뀌면서 사라진다. 극의 빠른 진행을 위해서는 지루한 장면을 삭제해야 했던 것이다.

2. 플레이렛

보드빌은 심리적이고 도덕적인 성격의 연극보다는 재미를 강조하는 코미디가 중심이었다. 보드빌과 이야기는 잘 어울리지 않은 조합이었다. 보드빌은 전통적으로 이야기를 반대했다기보다는 무관심했다. 기획자들은 여기에 연극적 요소를 추구하였는데, 이것이 플레이렛(playlet)이다.

인간은 이야기를 매우 좋아하고, 드라마는 인간이 가장 선호하는 오락양식이다. 영국의 뮤직 홀에는 스케치(sketch)라는 짧은 형식의 드라마가 있었다. 영국에는 왕의 특허를 받지 못한 비특허극장이나 술집에서 구술연극을 공연하지 못한다는 공연법이 있어서 드라마를 공연할 수 없었지만 편법을 동원해 스케치와 이야기가 들어간 발레(발레 닥시옹)를 공연했다. 스케치의 길이에 대해서도 논란이 있었는데, 관계자들은 6명 미만의 출연자와 40-50분의 공연시간으로 제한한다는 합의에 이르렀다[29].

미국의 보드빌에서는 드라마를 제한하는 법률 자체가 없었고 시간이나 내용, 형식 등의 제한도 없었다. 간혹 플레이렛을 스케치로도 불렀는데 스케치와 플레이렛은 유사한 것처럼 보이지만 다르다는 주장이 있다. 스케치보다 플레이렛이 보다 극적이고 조화롭고 짜임새있는 연극이라는 것이다. 스케치는 단순한 이야기로서 복잡한 갈등구조를 필요로 하지 않았다.

조셉 웨버와 루 필즈는 마이크(Mike)와 마이어(Myer)라는 이름으로 스케치를 공연하였다. 키가 작고 바보같은 마이크(웨버)는 늘 똑똑한 마이어(필즈)를 속이려고 하지만, 결국에는 마이어에게 흠씬 두들겨 맞는다는 스케치였다. 반면에 플레이렛은 등장인물간의 갈등, 의미있는 주제, 복잡한 서사 등이 포함된 발전된 드라마 형식으로 높은 극작 기술을 필요로 하였다.

보드빌은 관련성이 거의 없는 작은 쇼들로 구성되어 있어 이들간의 논리적 일관성이 필요하지 않았다. 이것의 예외가 플레이렛이었다. 플레이렛은 삶의 질서를 표현하는 짧은 드라마 형식이다. 보드빌 경영자들은 그 효과에 대해서 긴가민가하면서 플레이렛을 끼워넣었다. 출연자들은 정극의 스타들

*29) 뮤직 홀의 스케치에 대해서는 조복행 뮤직 홀 1권 참조.

이었다. 순수예술이 대중연극에 참여한 것이다. 작품은 무려 5천여 편을 넘었다.

플레이렛은 그렇게 중요한 프로그램으로 여겨지지 않았지만, 곧 관객의 큰 인기를 얻게 된다. 플레이렛은 진지한 연극이 아니었다. 기껏해야 공연시작을 알리는 프로그램이거나 재미있는 막간 여흥에 지나지 않았다. 19세기 멜로드라마 형식으로 눈물샘을 자극하는 감상적 내용이나 공포가 담긴 서스펜스가 많았다. 순수연극의 미학적 기준으로만 보아서는 안 되는 드라마였다. 그러나 관객들은 플레이렛에 푹 빠져들었다. 공연관계자들은 그동안 간과했던 플레이렛의 가치를 인식하기 시작했다. 플레이렛은 간결하고 알기 쉬운 형식, 단순한 인물성격, 새로운 가치에 대한 불안한 탐색 등을 담고 있어서 영화와 라디오, 텔레비전에도 영향을 주었다.

플레이렛은 전문적인 드라마 작가가 썼고, 작가가 선호하는 배우가 연기했다. 윌 크레시(Cressy)는 시골의 모습을 주로 그린 작가였고 조지 에이드(George Ade)는 도시의 유머러스한 리얼리즘과 도시인들을 대상으로 한 작품을 썼다. 윌리스 스틸(Willis Steell)은 감상적 작품을, 리차드 데이비스(Richard H. Davis)는 서스펜스극과 멜로드라마를 전문으로 하는 작가였다. 반면에 에드가 알렌 울프(Edgar Allen Woolf)는 특정 분야만을 고집하지 않고 다양한 주제를 다루었다. 크레시와 에이드는 보드빌 드라마만을 썼던 반면, 다른 작가들

은 뮤지컬이나 연극 대본을 쓰면서 플레이렛을 썼다

공연기획자들은 제작비를 절감하기 위해 기제작된 세트를 활용하였다. 세트의 표준화였다. 작가들은 여기에 맞추어 글을 쓰면 되었다. 플레이렛은 1막에 2-7분 내외, 전체적으로는 15-30분 내외의 길이였다. 플레이렛이 성공한 원인은 정극에서 출발한 많은 배우들이 있었고, 보드빌을 중요한 미디어로 본 훌륭한 작가들이 있었기 때문이다. 20세기 초반에 각종 음향과 촬영기기들의 발전도 플레이렛의 발전에 큰 도움을 주었다. 이는 영화나 텔레비전 라디오 드라마의 발전과도 관련성을 가진다. 그러나 무엇보다도 관객들의 이야기에 대한 욕망이 가장 큰 요인이었다.

• 플레이렛의 구성과 인기

플레이렛은 보드빌에서 빼놓을 수 없는 콘텐츠가 되었다. 1901-1910년 사이 보드빌리언에 대한 신문기사는 배우보다 2배 이상 많았고, 1910-20년 사이에는 20% 이상 많았다. 그렇지만 1920-30년 사이에는 배우에 대한 기사가 가수나 댄서보다 많아졌다.

1904-1920년까지 플레이렛의 비율은 10-15% 정도였는데, 1910년에서 1918년까지는 공연당 두 개를 차지할 정도로 많았다. 누구도 플레이렛이 프로그램이 될 거라고 예상하지 못했지만, 임프레사리오들은 곧 이것이 '보드빌의 미래'가

될 것임을 직감하였다. 그 숫자는 점점 증가하였고, 정극에 대항할 수 있는 경쟁력을 가진 콘텐츠로, 보드빌을 떠받치는 핵심 프로그램이 되었다. 플레이렛이 없으면 보드빌이 생존할 수 없을 거라는 말까지 나왔다. 절반 이상의 빅타임 보드빌 극장에서 플레이렛을 공연했다.

플레이렛에는 이민자들의 성공신화가 담겨져 있었다. 물질적 번영과 진보, 낙후된 태도에서 벗어난 삶의 태도, 비정한 도시에서 삶의 터전을 잃은 사람들의 걱정 등을 그려냈다.

일반적인 드라마와 달리 플레이렛에서는 클라이막스를 앞에 배치하고 서서히 이야기를 풀어나가는 역진적 방식을 택했다. 짧은 시간에 스토리를 전개해야 하기 때문이었다. 윌 크레시는 작가 지망생들에게 대화보다는 연기를 중시하라고 하였다. 무엇이 벌어질 것인지를 말로 하기보다는 연기로 하라는 것이었다. 아리스토텔레스의 표현을 빌자면 디에게시스보다 미메시스를 중시하라는 것이었다. 관객들은 앞의 공연에 대한 인상과 세트 등에 마음을 빼앗겼기 때문에 이들을 사로잡기 위한 전략이었다.

작품집필은 작가들의 큰 수입원이었다. 윌 크레시와 뉴욕의 아론 호프만은 작품당 최고의 작품료를 받았다. 플레이렛의 내용도 시간이 지남에 따라 변한다. 1905년 이전의 플레이렛은 대부분 코미디였지만 영화의 등장 이후에는 모험이나 추리극들이 등장하였다. 서부극이 영화처럼 인기를 얻게 된 것이다. 플레이렛은 후에 텔레비전의 수사 드라마나 멜로드라마의 모델이 되었지만 싸구려로 인식되는 경향도 있었다. 영화가 이야기를 구성하고 표현하는 방식이 세련되어가면서 플레이렛의 표현방식에 대한 비판이 등장한다. 버라이어티는 관객과의 직접적인 접촉이나 호소가 가능하지만 플레이렛은 직접적 호소가 불가능했다. 도덕적 주제를 다룬 극도 많았다.

작가들에게는 그들의 작품을 잘 구현해주는 배우들이 있었다. 예를 들어 리차드 데이비스의 〈미스 시빌라이제이션(Miss Civilization)〉은 에델 배리모어를 위한 작품이었다. 보드빌에는 정극출신 배우들이 많이 유입되었다.

플레이렛에는 정형화된 패턴이 있었다. 중산층의 방, 희미한 불빛속에 등장하는 배우, 불을 밝게 하는 장면, 천천히 올라가는 커튼, 주위를 둘러보는 주인공 등이 등장한다. 세트도 이미 조립되어 있어서 작가들은 이에 맞추어 작품을 쓰면 제작비도 절감할 수 있었다.

3. 여성신체의 스펙터클

• 시각적 스펙터클로서의 여체

보드빌은 새 시대에 맞는 새로운 엔터테인먼트를 지향했지만 전통에서 완전히 벗어나지는 못했다. 다리 쇼(leg show)라 비난받은 벌레스크의 잔재를 완전히 제거하기는 어려웠다.

임프레사리오들은 건전한 보드빌을 표방했지만 점잖음이나 정숙함, 품위와 같은 코드로는 성공할 수 없었다. 대중은 새롭고 자극적이며 쇼맨쉽이 있는 스펙터클한 공연을 원했다. 보드빌의 유행은 섹스로 이동한다.

여성의 권익에 관한 논쟁은 보드빌에도 침투한다. 여성 보드빌리언이 증가했고, 많은 여성 스타의 등장과 함께 페미니즘 관련 주제도 늘어난다. 플레이렛이나 모놀로그에서도 여성 관련 드라마들이 많이 등장했다. 또한 여성의 신체를 섹슈얼한 측면에서 접근하는 자극적 공연이 늘어난다. 남성 관객의 관음증을 부추겨 관객을 늘리려는 기획자들의 마케팅 전략이었다. 음탕한 노랫말, 도발적인 댄서의 몸짓, 전라에 가까운 의상 등 성적 스펙터클이 남성의 시선을 사로잡았다.

한편, 여성들을 위해 남성성을 자랑하는 쇼도 있었다. 보디빌딩의 개척자 유진 산도우(Eugene Sandow)는 두 사람을 등에 태우고 한 손으로 한 사람씩 들어올리는 괴력을 가진 인간이었다. 약 750파운드(350kg)를 들 수 있었다. 호기심 어린 여성들은 그의 근육을 만져보기도 했다.

여체는 남성관객의 최대의 관심사였다. 이는 미국만의 현상이 아니었다. 세기말 프랑스의 뮤직 홀에서도 매우 선정적인 발레가 유행했다. 여성 스타들은 남성보다 더 인기가 있었고,

더 많은 개런티를 받았다. 또한 여성 형제들로 구성된 시스터 액트가 남자 형제들로 구성된 그룹보다 훨씬 인기가 있었다. 보드빌은 섹슈얼한 무대였다. 남성은 규율의 대상이지만 여성은 욕망과 응시의 대상이었다. 여성의 신체는 점점 스펙터클화되어 간다. 여성은 남성의 시선을 사로잡으려고 타이츠(tights)나 살색 옷을 입어 남성들의 호기심을 자극하였다. 로라 멀비는 영화는 남성의 관음증을 부추긴다고 지적한 바 있는데, 보드빌의 여체는 남성 시선과 관음증의 대상이었다.

여성 보드빌리언만이 아니라 아슬아슬한 복장을 한 스포츠우먼, 여성 서커스 탈렌트도 많이 등장하였다. 관객들은 최신 유행 의상이나 헤어스타일, 악세서리 등을 보러 극장에 갔다. 인기있는 여성 보드빌리언은 섹시하면서도 시각적으로 볼거리가 많은 여성들이었다. 대중연예에서 중요한 것은 내러티브보다 오히려 시각적 스펙터클이다. 1902년 파데트(Fadettes)라는 오케스트라는 여성 단원들로만 구성하여 인기가 높았다. 이들은 하늘하늘하고 섹시한 옷으로 남성관객을 유인했다. 1890년부터 1920년 사이 무려 6천 회 정도의 공연을 하였다. 1901년 키스의 유니온 스퀘어 극장에서는 〈50-아름다운 숙녀들-50〉라는 프로그램을 공연하였는데, 이는 여러 나라의 미인들을 모아놓은 미인대회와 유사한 것이었다. 1912년 키스의 5번가 극장에서는 여성들로만 구성된 공연을 하였는데, 극장에서는 이들에게 천연색 슬라이드를 비추어 섹슈얼한 분위기를 연출하였다.

여체에 대한 관심은 〈검은 마법사(Black Crook)〉[30]라는 미국 최초의 뮤지컬 공연에서 입증되었다. 이 연극에서는 프랑스 발레리나들이 매우 인기가 있었고, 그래서 그런지 1866년부터 474회를 공연한, 당시까지의 최고의 롱 런 연극이었다.

물을 사용한 여체 스펙터클도 있었다. 1898년 프록터의 플레저 팰리스에서 〈비와 눈(La pluie et la neige)〉이라는 작품을 공연했는데, 여성 댄서들이 실제 물에서 춤을 추는 공연이었다. 오비다라는 여배우는 타이츠를 입고 거대한 물탱크에 들어가서 살아있는 인어 연기를 하였다.

누구보다도 인기를 모은 건 아네트 켈러만이었다. 그녀는 다이빙, 수영, 수중 발레를 연기한 호주 출신의 여성이었는데, 스스로를 '다이빙 비너스'로 불렀다. 그녀의 전매특허는 오늘날의 수영복과 같은 섹슈얼한 의상이었다. 1909년 키스의 5번가 극장에 처음 출연했을 때 한 남성관객이 무대위로 뛰어올라가 그녀의 스냅사진을 찍어 소동을 일으키기도 했다. 그녀의 수영실력이나 다이빙 기술은 중요하지 않았다. 아름다운 외모와 타이츠에 부딪히는 물소리가 관심의 대상이었다. 그녀의 인기는 하늘을 찌를 듯했다. 보드빌에서의 인기를 바탕으로 영화에 진출하였다. 첫 번째 영화 제목은 〈넵튠의 딸〉이었는데, 큰 히트를 했다. 뒤이어 나온 영화도 히트했다.

또 한 명의 수영복 차림의 여성 연예인은 라라 셀비니(lalla

*30) 이 작품의 제목이 어떤 책에는 〈검은 갈고리〉로, 어떤 책에는 〈검은 옷의 괴조〉로 번역되어 있다. 그런데 필자는 〈검은 마법사〉 또는 정확하게는 〈검은 곱추마법사〉로 써야 한다고 본다. 이 뮤지컬의 제목은 갈고리나 괴조와 같은 사물이나 새가 아니라 허조그(Herzog)라는 검은 곱추 마법사(crook- backed master of black magic)(black crook) 라는 등장인물에서 비롯된 것이다.

Selbini)였다. 그녀는 〈목욕하는 소녀〉라는 작품을 공연했는데, 무대에서 살색 옷으로 갈아입는 등 섹슈얼한 장면을 연출하다 음란죄로 체포되기도 하였다.

• **타블로 비방**

타블로 비방(tableau vivant)은 영국 뮤직 홀에서도 매우 인기있는 프로그램이었다. 예술에 가깝다는 엘리트 지식인들의 주장과 여성들의 비난이 충돌하면서 타블로는 런던의 화제거리가 되었고 많은 연예인들이 타블로를 만들어냈다. 보드빌에서도 타블로는 인기 콘텐츠였다. 타블로는 그림이나 에로틱한 포즈를 배우가 정지 자세로 보여주는 연기다. 유럽 여러 나라에서 인기가 있었고, 미국에서도 1840년대부터 타블로가 많이 공연되었다. 키스는 유니온 스퀘어에서 '예술연구'라는 이름을 내걸고 타블로를 공연하였다. 타블로 연예인들은 가슴까지 노출하는 대담한 연기를 보이다가 경찰에 체포되기도 했다. 많은 극장에서는 타블로를 예술이라는 개념과 연관시켰다. 예술가의 꿈, 예술가의 스튜디오, 예술가의 모델 등의 이름이 붙었다. 영국 뮤직 홀에서 이름을 날린 라 밀로(La Milo)는 보드빌에도 출연하여 역시 큰 화제를 모았다. 몸을 하얗게 칠하여 마치 대리석이라도 된 것처럼 위장하고 비너스 또는 다이아나와 같은 그리스 여신, 런던에서도 큰 화제가 되었던 〈고다이바 부인〉[31]을 보여주었다.

*31) Lady Godiva(990년경~1067년경)은 코번트리에 살았던 백작부인으로, 남편의 무리한 세금 징수로 인해 백성들이 고통받자, 이에 대한 항의의 표시로 벌거벗은 채 말을 타고 마을을 한 바퀴 돌았다고 한다.

• **살로메**

타블로는 1907-8년, 살로메(Salome)의 등장과 함께 사그라들었다. 성서에 등장하는 살로메는 많은 소설가, 작곡가들의 단골 소재였다. 오스카 와일드가 쓴 희곡을 기반으로 리하르트 슈트라우스가 작곡한 오페라 살로메는 내러티브보다 〈일곱 베일의 춤〉이 더 널리 알려져 있다.

〈춤〉은 파리에서 유명했다. 클래식 공연장이든 물랑 루즈와 같은 대중극장이든 가리지 않고 〈춤〉을 공연했다. 살로메가 미국에 알려진 건 1907-8년이었다. 높은 예술성, 동양적 춤사위, 선정적 의상, 기괴한 성적 욕망의 표현 등으로 단번에 미국인들을 사로잡았다. 곧 뮤지컬 코미디, 벌레스크, 보드빌 등으로 확산되었고, 뉴욕 타임즈가 살로마니아(Salomania)라는 이름을 만들어낼만큼 인기있는 춤이 되었다. 살로메 열풍(salome craze)이었다. 지그펠드 폴리즈에도 어김없이 〈춤〉은 침투하였고, 살로메 학교까지 설립되어 1908년에 150여 명의 졸업생을 배출한다.

보드빌에 처음 〈춤〉을 도입한 건 거투르드 호프만(Gertrude Hoffman)이었다. 1906년 모드 알란의 〈살로메의 비전〉이라는 런던 공연이 센세이션을 일으키자 런던에 가서 〈춤〉을 배워 미국에 도입한다. 곧 수많은 〈춤〉 요청을 수용할 수 없을 정도가 되었다. 에바 탕궤이, 필라 모린 등 여성 연예인들이 〈춤〉의 포즈를 취한다. 캐나다 출신의 무용가 모드 알란

(Maud Allan)은 원래는 피아니스트였는데, 20대에 춤을 병행하다가 독일에서 이탈리아 작곡가 부조니를 만난다. 그녀는 〈살로메의 비전〉으로 비엔나에서 데뷔를 하는데, 이 춤이 국제적인 센세이션을 일으킨다. 〈춤〉은 곧 유럽과 미국으로 전파되었다. 알란은 에로티시즘만이 아니라 정신성을 결합하여 〈살로메의 비전〉을 완성한다. 알란의 〈춤〉은 여러 논란을 거쳐 국제적인 명성을 얻는다. 윌리 해머스타인(오스카 해머스타인의 아들)은 즉시 댄서를 보내 이를 연구하게 한다. 이렇게 표절한 살로메가 1908년에 제작되어 22주간 히트하였다. 비평가들은 작품 표절과 정제되지 않은 춤동작을 비판했지만 관객은 환호했고. 수백 개의 모방작이 등장한다.

댄서들은 살로메를 자신들의 스타일로 개작한다. 어떤 연예인은 세례 요한의 머리를 들고 터벅터벅 걷는가 하면, 어떤 연예인은 이 장면을 생략하기도 한다. 그러나 에로틱한 의상, 격정적인 동작은 공통적이었다. 에바 탕궤이의 살로메 의상은 에로틱하기로 유명했다. 거의 반나체였다. 모드 알란의 〈살로메의 비전〉이라는 이름을 그대로 사용하였다. 탕궤이의 살로메는 세트가 특이해서 강, 횃불, 커다란 계단이 등장하는데, 19세기 멜로드라마의 스펙터클한 세트를 연상케 했다. 탕궤이의 살로메는 여러 가지 논란을 낳았지만 그녀의 문화계에서의 위상으로 인해 더욱 유명해졌다. 퓨리턴들은 그녀를 혐오했지만 대중들은 줄을 서서 기다렸다. 탕궤이는 외설스런 노래를 많이 불렀다. '나를 거칠게 다뤄 줄 사람을 원해요' 와 같은 노래를 불렀고 에로틱한 춤을 추었다. 섹슈얼리티를 인기의 핵심적 요인으로 내세웠다. 이런 모험을 감행할 수 있었던 건 그녀의 강한 성격이 한 몫을 했다.

반면 살로메에 대한 비판도 뒤따랐다. 살로메 오염(salome infection). 대표적인 비판자는 마리 케이힐(Marie Cahill)이었다. 그녀는 루스벨트 대통령에게 편지를 써서 살로메가 미국인들의 도덕성을 해치고 있고 '선정적 옷차림과 에로틱한 몸짓은 모두 돈벌이를 위한 것'이라고 비판하였다. 심지어 보드빌 사업자인 마틴 벡까지도 〈춤〉은 매우 저급한 춤으로, 자신은 보다 품위있는 다른 작품을 창작할 것이라고 비판하였다. 호프만은 선정적 춤 때문에 경찰에 체포된 적도 있었다. 언론에서는 여성성의 상실을 개탄하는 많은 비판기사가 나왔다.

유럽에서도 살로메는 인기 콘텐츠였다. 1908년 이다 루빈스타인은 러시아 당국의 반대에도 불구하고 나체로 〈춤〉을 춤추었다. 연극연출가 스타니슬라브스키는 이 춤을 영혼이 없는 춤이라고 맹비난하였지만, 디아길레프는 그녀를 발레 뤼스에 스카웃한다. 살로메는 영화에도 파고들었다.

• 지그펠드 폴리스

1907년에 시작된 지그펠드 폴리스(Zigfeld Follies)는 프랑스의 폴리 베르제르(Follie Bergere)의 화려함에 영향을 받은 레뷔(revue) 쇼였다. 보드빌과 벌레스크의 요소들을 혼합한 엔터테인먼트로, 젊은 여성으로 구성된 코러스가 유명했다. 이들을 지그펠드 걸이라고 불렀다. 이들은 계단을 오르내리면서 다리를 들고 춤을 추거나 타블로 비방을 연기하였다. 기형쇼에서 섹스로 표현대상이 이동한 것처럼 지그펠드 폴리스도 그런 시대적 경향을 재빨리 도입한 것이었다.

이 쇼를 만든 건 지그펠드 플로렌즈였는데, 그가 런던 여행 중 만난 아나 헬드로부터 폴리 베르제르와 유사한 쇼를 미국에서 만들어보라는 권유로 시작한 것이었다. 지그펠드 폴리스와 보드빌은 25년간 서로에게 영향을 주고 받았다. 지그펠드의 공헌중 하나는 성에 대한 인식을 변화시킨 것이다. 무대에서 여성이 다리를 드러내는 일은 20-30년 전만 해도 상상할 수 없는 일이었다. 그는 여성의 신체를 과감히 노출시킴으로써 성에 대한 편견을 깨뜨렸다. 그의 모토는 미국여성들을 영광스럽게 하는 것이었지만 여성의 신체를 상품화했다는 비판을 받았다. 외설스럽게 다리를 노출하거나 음란한 말을 내뱉던 콘서트 설룬이나 버라이어티 쇼는 '다리 사업'이라고 부를 수 있을 정도로 조악했다. 패스터, 키스, 프록터가 가족이 함께 볼 수 있는 도덕적인 보드빌을 확립한 지 20여 년만에 보드빌은 개방적이고 느슨하고, 성을 상품화하는 자극적인 엔터테인먼트로 변해 갔다. 비평가들은 이를 비판했지만 관객들은 증가했다.

1893년 시카고 박람회에서는 이집트 여성이 후치 쿠치(hoochie coochie)라는 춤을 추었다. 벨리 댄스로 알려진 이 춤은 동양적 신비에 대한 환상을 가지고 있던 미국인들의 흥미를 자극했다.

발레스카 수라트(Valeska Suratt)는 화려한 의상과 장신구로 치장하고 스네이크 댄스를 추었다. 그녀는 화려한 장식을 선호했는데 몸에 걸치고 있던 보석과 악세서리의 가치가 무려 2만 달러, 지금의 환율로 계산하면 7억원 이상을 호가했다. 프랑스의 뮤직 홀 댄서였던 카롤리나 오테로가 머리에서부터 발끝까지 온갖 장식을 하고 춤을 추었던 일과 매우 유사하다.(조복행 뮤직 홀 2권 p72 참조). 수라트는 등이 파인 의상을 입고 섹시한 모습을 연출하는 것이 특징이었다. 〈백일해에 걸린 소녀(The girl with whooping cough)〉 라는 플레이렛이 음란하다는 이유로 뉴욕시장에 의해 공연금지 당하기도 했다.

우리나라의 동화 〈선녀와 나뭇꾼〉을 연상케 하는 춤도 있었다. 어떤 여성이 목욕을 하다 옷을 도둑맞았는데 관객이 옷을 던져주는 장면도 있었다.

드래그(drag), 즉 성별 바꾸기도 유행한다. 여장남자가 많았다. 드래그 연기로 유명했던 건 줄리안 엘틴지(Julian Eltinge, 1881-1941) 였다. 그는 높은 인기로 인해 당시 가장 유명한 여배우 릴리안 러셀의 이름을 따서 미스터 릴리안 러셀이라는 별명을 얻었다. 살로메를 연기했고 영화에도 출연했으며 가장 높은 출연료를 받은 스타였다. 여성적 성향이 있어서가 아니라 돈벌이 때문이라고 주장했지만 동성애적 성향이 있었던 것으로 추측된다.

일본인 분장사 시마는 10살 때부터 여장남자 역할을 했다. 키스의 유니온 극장, 런던 팰리스, 뉴욕 알함브라 극장 등에 출연하였고, 미국과 유럽 순회공연도 하였다. 영국의 에드워드 7세 앞에서도 공연할 정도로 국제적인 인기가 있었다.

2부

보드빌 산업

1장 빅 타임, 스몰 타임

1. 빅 타임과 스몰 타임

우리나라 뮤지컬 산업에 대극장 뮤지컬과 대학로 뮤지컬이 있는 것처럼 보드빌 시장에는 빅 타임과 스몰 타임이라는 대조적인 경영방식이 있었다. 여기서 타임은 시간을 말하기도 하지만 공연의 기간, 즉 규모를 의미하기도 하고 프록터 타임(Proctor time), 클라인 타임처럼 서킷을 의미하는 말로도 사용되었다. 보통 빅 타임을 시작한 건 프레드 프록터라고 알려져 있다. 그가 선호한 대중오락 모델은 정극에서 따온 보수적 전략이었다. 스타 캐스팅, 우수한 콘텐츠의 확보, 고가의 티켓가격 등을 도입했다. 티켓 가격은 정극의 반밖에 되지 않았지만 다른 보드빌에 비해서는 2-3배 높은 것이었다. 1909년부터 그의 경영방식을 '빅 타임'으로 부르기 시작했다. 프록터는 1일 2회 공연(마티네와 저녁 공연)과 무명 배우가 아닌 스타 캐스팅 등으로 차별화를 시도했다. 공연 숫자를 줄이는 합리화 과정을 통해 주당 배우 캐스팅은 90

명에서 24명으로 줄었다. 대신 이들에게는 높은 개런티를 보장하였다.

1900년 프록터가 책정한 주당 평균 개런티는 1,800달러로 다른 보드빌의 300달러보다 월등히 높았다. 릴리언 러셀과 같은 최고의 스타를 캐스팅하여 일급 극장에서 공연하는 전략을 취했다. 다른 사업자들이 프록터의 방식을 모방하면서 빅 타임이 대세가 되어갔다. 서부에서도 마틴 벡이 빅 타임을 시도하였는데, 샌프란시스코의 오르페움에서는 술을 금지하고 50센트의 높은 입장료를 책정하였다. 1906년 2층석은 1다임에 불과했지만 VIP석은 1달러였다. 1910년경 오르페움 체인의 32개 극장은 빅 타임을 도입했고, 퍼시 윌리엄스 역시 프록터를 모방했다. 외국의 스타를 영입한 윌리엄스의 스타 개런티 역시 매우 높았다. 호주 출신의 여성 다이버 아네트 켈러만은 1,500달러, 영국의 베스타 틸리는 3,000달러였다. 대부분의 극장이 1명의 스타를 출연시킬 때 프록터와 윌리엄스는 이를 충분하지 않다고 보았다.

1일 2회 공연과 고가의 티켓 전략에 반하는 방식이 스몰 타임이었다. 스몰 타임 또는 패밀리 타임은 스타 캐스팅없이 저렴한 티켓을 팔았다. 1910년부터 스몰 타임은 주간 단위가 아니라 격주 단위로 프로그램을 교체하는 전략을 사용하였다. 빅 타임 경영자들은 스몰 타임이 연예산업 종사자들의 위신을 실추시키고 있다고 경멸하였다. 개런티는 극장의 재정

상태에 따라 결정되었지만, 이 외에도 경력, 각 극장에서 올라온 평가서와 보고서, 그리고 관객의 평가가 종합적으로 반영되었다. 그런데 빅타임에서 스몰 타임으로 이동한 보드빌리언은 빅 타임으로 돌아가기가 어려웠다. 15센트의 입장료로도 스타를 볼 수 있었던 관객들이 굳이 1달러를 내고 빅 타임을 보려고 하지 않았기 때문이다. 1일 2회 공연하던 빅 타임과 3회 이상 공연하던 스몰 타임 사이에는 질적 차이가 있었다. 빅 타임은 높은 개런티를 받는 스타들의 공연을 한정된 소비자에게 판매하는 것이고 스몰 타임은 일반 대중을 대상으로 하는 공연이었다.

2. 연속 보드빌

건전한 보드빌을 도입하여 여성과 어린이 관객을 유치하게 된 보드빌은 시간문제로 공연관람이 어려운 관객의 개발에 몰두했다. 그래서 탄생한 것이 연속 보드빌(Continuous Vaudeville)이었다.

키스는 1885년 보스턴의 게이어티 박물관에서 연속 보드빌을 시도했다. 연속 보드빌은 아무 때나 입퇴장이 가능한 다임 박물관이나 술집운영에서 힌트를 얻은 것이었다. 다임 박물관에서는 하루에 15번의 공연을 했고, 이는 사이드쇼[32] 로

*32) 서커스 등에서 본공연이 끝난 뒤에 기형적인 모습의 사람이나 동물을 보여주던 쇼.

전파된다. 연속 보드빌은 보통 아침 10:30분에 시작하여 저녁 10:30분 종료하였다. 1880년대에는 아침 10시부터 밤 10시까지 하루에 6번씩 공연하였다. 8-9개의 쇼가 반복되면서 하루종일 공연하는 방식으로, 마지막 장면에서는 영화도 보여주었다. 관객은 아무 때나 들락날락한다. 쇼핑객, 비즈니스맨, 학교를 마치고 귀가하는 어린이들을 붙잡기 위해서는 그들의 라이프스타일에 맞는 공연을 해야 했다. 특정 시각에만 공연하면 시민들의 다양한 생활패턴에 대응할 수가 없었다. 한 보드빌리언당 15-25분의 시간이 주어졌다.

4년후, 프록터가 이를 시도했지만, 이런 형식은 고정관객의 확보에 적합하지 않다고 느끼고, 곧 중단했다. 당시의 프록터의 광고는 '프록터의 공연을 보고 주무세요'였다.보드빌리언도 연속보드빌을 싫어했다. 같은 개런티를 받고 많은 공연을 하는 것보다 2-3회의 공연만 하는 것이 여러모로 유리했던 것이다. 코핸(Cohan) 가족은 하루 다섯 번 출연해 같은 공연을 하였다. 그들은 이를 기계상점(machine shop)이라고 불렀다. 마치 쉬지 않고 물건을 생산하는 기계적 생산방식인 어셈블리 라인을 연상케 한다. 코핸 가족은 보스턴의 키스극장에서 데뷔하여 키스의 뉴욕 유니온 스퀘어 극장에 진출했다. 키스와 코핸 가족은 포스터의 위치 문제로 1899년 헤어진다. 코핸 가족은 부모와 아들, 딸 등 네 명으로 구성되어 '네 명의 코핸 four cohans'으로 불렸고, 이중 아들 조지 코핸은 작가, 작곡가, 프로듀서, 배우 등 다방면에서 재능을 발휘한다.

키스는 자신이 연속 보드빌의 아이디어를 맨 처음 제안한 사람이라고 주장했다. 1885년 어느 날 비몽사몽간에 갑자기 그 아이디어가 떠올랐다고 회고하였다. 커튼이 내려가면 모든 관객은 극장을 떠난다. 그렇게 되면 다른 관객의 입장이 어렵다. 연속 보드빌은 키스를 작은 뮤지엄에서 대형 극장 체인의 소유주로 바꾸었다. 도시인들에게 보드빌은 단순한 저녁의 여흥거리가 아니었다. 휴일에 서커스나 카니발에 모여드는 집단적인 오락보다도 더 일상적으로 관객을 만나는 흥미로운 오락이었다. 마치 공연백화점 같았다. 이미 민스트럴 쇼에 연속 보드빌의 형식이 있었다.

공연의 순서는 다음과 같았다.

- 첫 번째는 무언극(dumb act)으로 대화가 없는 동물쇼 같은 것이었다. 지각 관객들이 자리를 찾을 수 있도록 처음에 배치했다. 프레드 아스테어(Fred Astaire)는 댄서, 배우, 안무, 가수 등의 다양한 재능을 가진 엔터테이너였는데 그 중에서도 동생 아델과 짝을 이루어 추는 춤이 특기였다. 프록터의 극장에서 5분짜리 오프닝 쇼를 맡았는데, 객석에는 아무도 없었다. 식은 땀(flop sweat)이 났다. 좀 지나자 객석이 차기 시작했다. 당시

의 관객은 시간관념이 오늘날보다는 정확하지 않았던 것이다.

- 두 번째는 첫 번째보다 더 재미있는 쇼를 보여주었는데, 관객들이 착석해서 다음 장면을 기대케 하는 장이었다.
- 세 번째는 관객의 주의력을 일깨워 다음을 기대하게 하는 쇼들이 펼쳐졌다.
- 네 번째는 스타의 시간
- 다섯 번째도 다른 스타의 등장
- 여섯 번째는 인터미션 다음 시간으로 관객의 주의를 유지시켜야 하는 시간
- 일곱 번째는 코믹하거나 연극적인 장면이나 스케치 등이었고
- 여덟 번째는 헤드라이너가 혼자 등장하는, 관객이 가장 보고 싶어하는 스타가 나오는 순서였다.

연속보드빌은 마치 오늘날 텔레비전의 24시간 방송시스템과 같은 형식의 종일 공연이자 공연의 대량생산 방식이기도 했다. 키스는 뉴욕 유니온 스퀘어 극장에서도 이 시스템을 채택했다.

물론 모든 도시가 다 이 시스템을 채택한 건 아니었다. 이 제도는 복잡한 도시생활에 지친 도시인들에게 오락욕망을 충

족시켜 주었다. 어떤 부모들은 아침에 아이들에게 도시락을 싸주어 극장에 보낸 후 저녁때 애들을 찾으러 왔다.

키스는 20여년 뒤 하루 2회 공연, 즉 빅타임으로 바꾸었다. 그렇지만 대중들의 공연욕망에 부응하려는 시도는 계속되었다. 조기 기상자와 아침 일찍 시장에 물건을 팔러오는 농부들을 위해 '밀크 맨의 마티네'를 기획했고, 늦게 교외로 돌아가는 시민들을 위해서 공연을 10시 반에 종료하였다.

연속 보드빌은 스몰 타임이었다. 연속 보드빌은 보스턴에서 시작하여 뉴욕으로 확장되었다. 그렇지만 알비는 키스의 스몰 타임을 싸구려 공연이라고 보았다. 알비는 극장을 변두리에서 시내로 옮겼다. 키스가 시골 출신이었던 데 반해 알비는 퍼시 윌리엄스처럼 도시 중산층 출신이었다. 이런 점도 경영방식에 영향을 주었을 것이다. 알비가 1893년에 뉴욕 유니온 스퀘어 극장의 경영을 맡았을 때, 1일 2회 공연 원칙을 도입하면서 키스의 철학을 포기했다. 알비는 극장의 개선에도 노력했다. 1909년 알비는 연속 보드빌을 포기하도록 키스를 설득했다. 티켓 가격을 올리고 좌석예약제도를 도입하였다. 키스 극장은 알비의 영향을 받아 빅 타임으로 전환했다. 이런 변화에는 시간이 걸렸다. 1910년 이전 키스 극장의 티켓가격은 프록터나 윌리엄스의 극장보다 낮았고 헤드라이너도 적었다. 알비는 키스를 설득하여 빅 타임으로 전환하였다.

3. 빅 타임에서 스몰 타임으로

역사가들은 빅 타임은 중산층이, 스몰 타임은 노동자 계층이 선호한다고 말한다. 그러나 이는 부분적으로만 사실이다. 빅 타임과 스몰 타임은 20세기 첫 10년간 발전한 양식이다. 빅 타임은 해머스타인, 프록터, 윌리엄스의 근린극장(neighborhood theatre)에서 시작되었다. 그 후 10년간 알비의 영향으로 시내로 이동했다. 빅 타임은 다운타운을, 스몰 타임은 근린극장을 지배했다. 그 결과 시내의 빅 타임 극장은 모든 사람을 위한 극장임을 내세운다. 키스의 광고 문구는 '우리는 모든 사람에게 문을 연다'였다. 스몰 타임과 빅 타임의 차이는 티켓 가격, 스타, 예약좌석제 등이었다.

많은 영향력 있는 경영자들이 말한 것처럼 스몰 타임이 보드빌을 만든 원래의 정신에 더 부합하는 양식이었다. 가족들이 함께 공연을 보고 싶을 때 편안하게 볼 수 있는 것이 스몰 타임이었다. 실제로 대중의 취향은 점점 빅 타임에서 스몰 타임으로 이동한다. 극장의 숫자도 빅 타임에 비해 스몰 타임이 훨씬 많았다. 스몰 타임 경영자들은 빅 타임이 스타의 개런티를 감당할 수 없을 정도로 높여 놓았다고 비난했다.

스몰 타임은 빅 타임이 버린 오락공간에서 자랐다. 변두리에 침투하여 근처의 시민들에게 개방좌석과 저렴한 티켓을 제공하여 관객을 끌어들였다. 스몰 타임은 이런 방식으로 간접비를 줄여서 15센트에서 50센트의 저렴한 티켓 공급이 가능했다. 1920년 경이 되면 비용절감 차원에서 대부분의 스몰 타임은 영화를 같이 상영하는 팝 하우스(pop house)로 변신한다. 영화를 상영하는 보드빌을 팝 보드빌이라고 불렀다. 팝 하우스는 남부의 극장처럼 불결하고 초라했다. 일요일을 제외하면 보드빌을 공연할 수 있는 공간이 아니었다. 이는 주중에는 영화를 상영하고 주말에만 라이브 공연을 할 수 있었다는 말이다. 스몰 타임은 영화와 공연을 결합함으로써 제작비가 많이 소요되는 라이브 공연을 대폭 줄였다. 그러나 저렴한 입장료, 편리함 등으로 소비자에게는 괜찮은 공간이었다.

빅 타임과 스몰 타임의 차이가 명확하지는 않았다. 1890년대 후반까지 보드빌 극장 다임 뮤지엄, 뮤직 홀, 콘서트 설룬 간의 차이를 구분하기가 쉽지 않은 것과 같다. 1905년 이후에는 영화를 상영하는 보드빌 극장과 영화관을 구별하기도 어려웠다. 1910년경까지 빅타임은 10%에 불과했다. 보드빌 산업은 1905-12년 사이에 크게 성장하였다.이 시기에 빅 타임이 2-3배 성장했다. 그러나 보드빌 산업의 발전과 확장을 주도한 건 스몰 타임이었다.

스몰 타임은 빅 타임 경영자들로부터 조롱을 받았지만 더 혁신적이었다. 저렴한 티켓, 많은 공연(1905년 이후 하루 3-4회 공연), 프로그램의 빈번한 교체(2주에 한번씩), 그리고 대중들 가까이 있던 공연장이었다.

스몰 타임과 빅 타임을 구분하는 기준은 시장은 성층화되어 있고 서로 다른 계급, 인종의 소비자들은 서로 섞이기를 원하지 않는다는 19세기적 이념에 기초한 것이다. 시장은 넓다기보다 깊기 때문에 다수의 대중에게 표를 파는 것보다 부유층에게 파는 것이 더 효율적이라는 생각이 임프레사리오들을 지배하고 있었다. 노동자들은 저렴하고 개방좌석(오픈 시팅)이 가능한 스몰 타임으로 이동했다. 스몰 타임은 스타를 캐스팅할 수 없었기 때문에 빅 타임의 약탈적 정책을 피하고 비용을 줄이기 위해 저렴한 영화를 상영하는 등, 제한된 라이브 공연을 했다.

빅 타임은 스몰 타임의 도전을 받자 스타의 개런티를 높여주었다. 빅 타임과 스몰 타임간의 경쟁은 점점 악순환을 초래하였다. 빅 타임과 스몰 타임의 전략적 차이는 둘 사이의 경쟁을 촉진했고 카르텔을 강화하는 단초가 되었다.

1921년 마커스 로우의 3,327석의 스테이트 레이크 극장에서는 15센트의 저렴한 입장료를 받았고 보드빌과 영화를 섞어 공연했다. 로우는 1921년 47개의 대극장을 운영중이었다. 당시 극장은 지방의 허름한 극장에서부터 대도시의 화려한 대극장까지 천차만별이었다. 알비는 화려한 대극장 공연에 관심을 갖고 있었지만 내용적으로는 스몰타임으로 운영하는 경우도 있었다. 이를 빅 스몰 타임(big small time)이라고 불렀다.

스몰 타임은 패밀리 타임이라고도 불렸고 10-30 센트의 저렴한 입장료를 받았다. 로우는 적은 비용으로 많은 돈을 벌었다. 로우는 수입이 증가하자 출연료도 인상하였다, 이는 로우 극장에 대한 보드빌리언의 관심을 유발한다. 로우는 1913년에 필라델피아의 메트로폴리탄 오페라 하우스를 임차하는 등, 대형극장을 지속적으로 짓는다. '스몰타임의 왕'으로 불렸다. 로우처럼 윌리엄 폭스도 10-15-25센트의 입장료를 받는 보드빌-영화 극장을 운영했다. 1912년에 이미 18개의 극장을 운영중이었고, 1915년에는 폭스영화사를 설립한다. 알비는 변화에 대응해야 했다. 로우와 폭스에 대항하기 위해 알비는 저가 공연 또는 패밀리 타임의 혼합극장을 추가로 확보한다. 기존극장의 운영방식에도 변화를 주었다. 1919년 키스-알비 서킷의 대극장 129개 중 78개가 스몰타임으로 운영되었다. 전국적으로도 1,130개 극장중 707개가 스몰타임이었다.

빅 타임에서 스몰 타임으로의 이동과정은 우리나라 뮤지컬 산업에도 시사하는 바가 매우 크다.

2장 카르텔

1. 레파토리 극단과 컴비네이션 극단

19세기 후반 도금시대부터 미국의 석유, 광업 등 여러 산업에 트러스트 또는 신디케이트라는 독점 현상이 있었는데. 이는 엔터 산업에도 강한 영향을 미쳤다.

19세기 중엽 미국에는 지역에 레파토리 극단(RC)이 있었다. 지역에 정주하는 극단으로 스톡 캄퍼니(stock company)라고도 하였다. 19세기 중엽부터 불어닥친 서부개척과 골드러쉬, 이민 붐은 오락수요를 낳았고 이는 주요도시로 확산되었다. 특히 골드 러쉬의 중심지이던 서부의 샌프란시스코와 동부의 보스턴, 필라델피아, 워싱턴, 중부의 시카고 등이 RC의 거점도시가 되었다.

RC는 1850년대부터 1880년대까지 미국 공연산업을 지지한 중요한 기둥이었다. 이들에게는 세익스피어 극이나 다른 연극의 조연 역할을 하는 이급 배우가 있었다. 여기에 전국을 순회하는 스타 배우와 그의 조력자들이 RC에 합류하여 완성된 배역을 이룬다. 마치 오늘날 오케스트라 공연시 해당 지역의 솔로이스트와 협연을 하는 시스템과도 흡사한 제도였다. 그러다 보니 레파토리 극단 배우와 순회하는 스타 배우들과의 연기호흡이 문제가 될 때가 있었다. 1849년 뉴욕의 애스터 플레이스 극장에서 폭동이 발생하여 31명이 사망하는 비극적인 사건이 발생했는데, 이는 영국의 찰스 맥크레디(Charles Macready)와 미국의 에드윈 포레스트(Edwin Forrest)라는 배우의 세익스피어 연기에 대한 관객들의 견해 차이에서 비롯된 사건이었다. 찰스 맥크레디는 지역의 레파토리 극단에서 순회공연을 한 적이 있는데, 이후 레파토리 극단 배우들의 연기를 혹평하곤 하였고 이런 그의 생각은 미국연극에 대한 그의 인상에 영향을 주었다. 미국이나 영국의 레파토리 극단은 아직 본격적인 전문극단으로서의 체계를 갖추지 못하고 있었지만 당시의 상황에서는 지역민들에게 오락을 제공하는 중요한 한 축이었다.

RC는 1880년대에 들어서 급격하게 위축된다. 대륙횡단철도는 공연단의 이동을 편리하게 하였고, 뉴욕의 스타들의 지방공연을 촉진하였다. 이들의 이동거리는 매주 500마일, 약 800km 이상으로, 거의 서울 부산을 왕복하는 거리였다. 철도로 인해 공연흥행 방식은 순회공연 중심으로 바뀐다. 철도의 이동성을 이용한 컴비네이션 극단(Combination Company,CC)이 생겨서 레파토리 극단을 구축하기 시작한 것이다.

컴비네이션 극단은 뉴욕에서 출발한 극단이 전국을 순회하면서 공연하는 단체였다.

CC는 RC에 비해 여러 가지로 유리한 미학적, 경제적 이점을 가지고 있었다. RC가 많은 레파토리를 가지고 공연한 반면, CC는 한 작품을 공연하였다. 게다가 뉴욕이나 영국에서 온 스타 배우들이 출연하니 레파토리 극단이 이를 이겨낼 수가 없었다. 또한 RC는 극단의 일을 액터 매니저(actor manager)[33] 혼자서 수행하는 1인 체제였지만 CC는 창작, 관리, 기술과 미술 등의 업무가 분화되고 전문화된다. 극단운영 시스템이 합리화되는 것이다. CC는 경제적으로도 매우 효율적이었다. 레파토리 시스템은 공연 프로그램을 매일 바꾸는 제도를 말한다. 당시 인구가 적었던 지방에서 롱 런은 불가능하였고 부득이 매일 프로그램을 바꾸어 공연할 수밖에 없었을 것이다. 그러나 매일 밤 레파토리를 바꾼다는 건 매우 힘든 일이었다. 배우들로서도 매일 새로운 작품을 공연한다는 건 대단한 고역이 아닐 수 없었다. 배우들은 하나의 역할이 아니라 여러 가지 역할을 감당해야 했고, 이로 인해 자신의 역할을 잊어버려 공연진행을 방해하는 일까지 생길 정도였다. 그래서 나중에 공연기획자들은 자신의 역할을 잊어버리면 벌금을 부과하는 계약을 하기도 하였다. 이러한 불합리를 개선한 것이 컴비네이션 극단이었다.

CC는 단 하나의 극단만을 운영하는 것이 아니라 복제극단

*33) 연기와 경영이 분리되지 않았던 과거에는 배우 중 우두머리가 연기, 제작을 하면서 극단경영도 같이 했다. 영국과 미국에 20세기 초반까지도 액터 매니저가 있었다. 이런 현상은 일본 가부키에서도 보인다. 자가시라(座頭)라고 불리운 고참배우가 액터 매니저와 같은 기능을 했다.

(duplicate company)을 만들어 동시에 여러 곳에서 공연을 하기도 하였다. 1880년대에 스틸 맥카예(Steele Mackaye)는 무려 14개의 복제극단을 조직하여 자신이 쓴 〈헤이젤 커크(Hazel Kirke)〉라는 코미디 작품을 전국에서 공연하였다. 마치 오늘날 영화의 전국 동시개봉과 같은 흥행방식이었다. 공연예술의 한계를 극복하려는 일종의 대량생산방식이기도 했다.

1905년에는 300개 이상의 일급 공연단과 100여 개의 이급 공연단이 순회공연에 나섰다. 그 진원지는 시카고였다. CC가 공연계를 지배하게 된 것이다. CC는 1876-77년 시즌에는 100여개, 1880년대에 282개, 1904년에는 420개로 증가한 반면, 레파토리 극단은 이미 1880년대에 8개밖에 남아있지 않았다. 레파토리 극단들은 컴비네이션 극단에 밀리자 대부분 문을 닫았지만 순회공연 사이의 공백을 메우는 공연을 하기도 하였고, 작은 마을들을 돌며 순회극단의 절반값에 공연을 하기도 하면서 명맥을 이어나갔다.

한편 컴비네이션 시어터라는 이름의 레파토리 캄퍼니가 있었는데 이는 드라마와 버라이어티를 혼합하여 공연하는 극단이었다. 전막을 전부 보여주던 전통극단과 달리 드라마를 축약하여 공연하였다. 키스는 보스턴에서 길벗과 설리반의 오페레타 〈미카도〉를 축약 공연해서 돈을 벌었고, 이를 기반으로 보드빌 사업에 뛰어들었다.

2. 연극 신디케이트의 등장

연극은 뉴욕을 중심으로 전국 각지에서 인기있는 오락으로 성장하였다. 19세기에 연극의 인기는 세계적인 현상이었다. 1870년 이후 뉴욕과 동부지역의 도시는 물론이고 중서부의 많은 도시에 오페라 하우스와 극장이 세워졌다. 심지어 인구 5천 명의 소도시에도 오페라가 하우스가 들어설 지경이었다. 오페라 하우스 경영자들은 배우뿐만이 아니라 티켓판매, 인쇄업자, 소방수, 목수, 화가, 음악가 등 많은 인력을 고용하였다. 극장 경영자는 도시의 영향력 있는 인사였고 때로는 공익적 행사를 실시하여 힘을 키워나갔다.

그러자 극장을 예약하는 일이 가장 중요한 과제로 떠오르게 된다. 연극중심지인 뉴욕에서는 장기공연이 목표였고, 뉴욕 주변의 경영인들에게는 작품의 예약이 큰 문제가 되었다. 지역의 흥행주들은 여름이 되면 다음 시즌의 공연예약을 위해 뉴욕으로 몰려들었다. 1870년-1890년에 3,500여개의 도시에 5천여 개의 극장이 있었는데, 이들은 좋은 공연을 선점하기 위해 피나는 경쟁을 벌여야 했다. 하룻밤 공연으로는 수익성이 없었고 적어도 3-4일 또는 1주일 정도의 장기예약이 이루어져야 했다. 당시 기차요금이나 의상비 등은 배우가 부담해야 했기 때문에 단기공연으로는 이런 비용을 조달하기가 어려웠고, 이를 해결하려면 장기공연을 가능케 하는 방식이 개발되어야 했다. 반대로 CC가 이들 지역극장들에 공연을 예약하거나 지역극장들이 뉴욕의 CC와 연락을 취하고 확인하는 일은 보통 어려운 일이 아니었다. 만약에 한 시즌에 40주의 공연을 한다고 하면(Week Stand), 40여 개의 극장과 접촉하여 공연계획을 짜야 했고, 주단위가 아닌 일단위 공연(One Night Stand)을 한다면 그 숫자는 훨씬 더 늘어나게 된다. 이를 위해 공연 관계자들이 일일이 지방극장을 접촉하기는 불가능했을 것이다.

어떤 극장은 아예 예약에서 누락되거나 때로는 배우가 등장하지 않는 등의 문제가 발생하였고. 반대로 극장경영자들은 만약에 대비하여 같은 날짜에 복수의 공연단에 극장을 내주는 이중예약을 하기도 했다. 좋은 계약을 했다고 좋아했던 흥행주들은 더 나은 조건을 제시하는 다른 흥행주들에게 공연을 빼앗기는 경우도 많았다. 이와 같은 이중계약은 순회공연 중이던 공연단을 오도가도 못하게 하곤 하였다. 게다가 제작자들은 종종 합의를 이행하지 않아 지방 극장은 갑자기 공연을 취소하는 일도 벌어졌다. 이러한 문제들을 해결하기 위해 새로운 방식이 개발되었다. 한정된 지역의 극장들은 연합하여 네트워크를 만들고 예약 대행업체는 제작진들과 경영인들 사이의 중개자 역할을 시작하였다. 지역별로 하나의 극장 서킷을 만드는 방법이 사용되었다. 이는 개별극장의 입지를 강화해주었다. 혼자서 독립적으로 운영하기보다는 여럿이 힘을 합쳐서 운영하는 것이 훨씬 효율적이었다. 7-8 개의 극장이 하나의 서킷을 만들어 이들을 대표하는 한 사람의 대표자가 예약을 이끌어나갔다. 이 서킷은 곧 효율적인 조직임이 드러났다. 연극 신디케이트(Theatrical Syndicate)가 탄생한 것이다.

신디케이트는 1896년 찰스 프로만(Charles Frohman), 알 헤이만(Al Hayman), 에어랑어(A.L. Eranger), 마크 클로(Marc Klaw), 새뮤얼 니드링어(Samuel Nidllinger), 프레데릭 짐머만(Frederick Zimmerman)이 연극예약의 효율성을 높이기 위해 결성한 조직이었다. 신디케이트의 목표는 공연질서를 확립하고 회원사 극장과 배우에게만 공연을 개방하여 이익을 독점하는 것이었다. 이에 대한 비판도 많이 나왔고, 이에 저항하는 회사가 생겼다. 대표적인 경쟁사는 슈버트 형제들이 만든 슈버트 사(Shubert Organization)였다. 신디케이트는 1910년까지 연극산업을 지배하고 있었지만, 슈버트 사의 끈질긴 저항과 배우들의 이탈로 힘을 잃어간다. 슈버트 사의 전략은 배우를 확보하는 것이었다. 공연에서 중요한 건 극장보다 배우이기 때문이다. 연극 신디케이트와 슈버트 사는 연극산업의 왕자를 놓고 오랜 기간동안 싸운다.

3. 보드빌 카르텔

대부분의 공연산업은 1인 기업이나 단순한 파트너쉽을 기반으로 한 소규모 사업자들에 의해 운영된다. 최근에 디즈니 등의 대기업이 뮤지컬 사업에 참여하고 있지만 이런 현상은 불과 30-40년 정도의 역사에 불과하다. 보드빌이 소규모 기업들에 의해 운영되었다는 것은 보드빌 산업이 상당히 유동적이고 불안정했다는 것을 의미한다. 공연산업은 대규모의 투자와 자본주의적 경영방식을 도입한 경험이 없었고, 보드빌 산업 역시 마찬가지였다. 오히려 중앙집중화와 자유, 안정성과 혁신, 민주화와 불평등, 비용과 경쟁과 같은 대립적 가치들의 충돌은 보드빌 산업의 파괴적인 요인들이었다.

보드빌 산업이 지니고 있던 이런 경영적 한계를 극복하기 위해서는 산업규모의 확대와 경쟁사간의 협력이 필요했다. 특히 규모가 작고 정보가 부족한 중소 임프레사리오나 지역의 사업자들로서는 스타를 캐스팅하거나 공연단을 유치하려면 이를 보완할 수 있는 네트워크가 절실했다. 한편 중앙의 메이저 임프레사리오가 공연시장을 확대하기 위해서는 역시 전국적인 조직이 필요했다. 이러한 서로의 필요를 충족시키고 경영적 불안정성을 극복하기 위해 도입한 것이 체인과 서킷, 그리고 카르텔이었다.

• **체인과 서킷, 카르텔**

체인은 한 사업자나 몇몇 파트너가 극장을 통제하고 배우의 예약을 담당하는 방식이고, 서킷은 3개 또는 그 이상의 독립된 극장이나 체인이 서로 독립을 유지하면서 예약을 담당하는 사업방식이었다. 편의점을 예로 들자면 A사가 개별 가맹점들을 결합하여 만든 것이 체인이라면, A사와 B사의 체인들이 연합하여 더 큰 연합체를 만드는 것이 서킷이다. 체인보다는 서킷이 규모가 큰 연대방식이었다. 서킷이 모여 카르텔로 발전했는데, 카르텔은 경쟁을 제한하고 시장을 독점하려는 사업자들간의 연합이었다.

연예인이 개별적으로 극장과 접촉하거나 극장이 배우들과 작품을 일일이 섭외하는 일은 매우 힘든 일이었다. 보드빌 스타 소피 터커는 어떤 극장에서 공연하고 나서 극장장에게 다음 공연에 대해 부탁하고 왔다는 일화를 전하고 있다. 보드빌 카르텔은 경쟁을 줄이고 자원을 효율적으로 배분하는 강력한 조직이었다. 보드빌이 전국적 대중연예로 자리잡은 것은 서킷의 전국화 때문이었다. 카르텔은 경쟁을 배제하여 보드빌리언의 출연료를 삭감하고 효과적인 예약 시스템을 확립하기 위한 것이었다. 상품을 표준화하고 간접비를 절약하고 판매를 최대화하려는 목적이었다. 상품의 표준화는 지역별로 약간의 차이는 있었지만 배우관리, 계약내용, 극장 운영, 프로그램 조달 등 많은 방면에서 이루어졌다. 이는 중앙집중식 관리시스템의 효과였다. 이로써 가부장주의적 경영에서 기업주의적 관리체제로 이행하게 된다.

체인이나 서킷은 캐나다에서부터 미국 남부까지를 연결하는 네트워크로, 중앙에 본부를 두고 지역에는 지사를 설치하여 군대와 같은 일사불란한 운영방식을 도입하였다. 체인이 활발해진 것은 전신, 전화, 우편, 철도 등 통신과 교통 발달의 힘 때문이었다. 서킷의 효율성이 높아지자 체인은 지역의 극장들을 늘리는 데 주안을 두었다. 7-8개의 극장들이 연합한 소규모 체인은 전국 곳곳에 있었다.

1870년대에 아팔라치아 산맥 인근 지역에 이미 소규모 체인이 생겼지만, 최초의 본격적인 체인은 프록터가 만들었다. 그는 1880년대 초반부터 극장 체인화에 나섰다. 먼저 뉴욕에서 일부 극장들을 체인화하고 코네티컷, 매사츄세츠 등 인근 지역으로 늘려나가 50여 개에 달하는 극장들을 체인에 편입시켰다.

4. 통합예약사무소

1900년 팻 셰아(Pat Shea)가 키스-알비에게 연극 신디케이트와 유사한 조직의 결성을 제안하였다. 키스는 이 아이디어를 강력히 지지하면서 프록터의 높은 개런티와 고비용 보드빌에 반대했다. 보드빌 경영자들은 배우와 에이전트의 고압적 자세와 불합리한 예약제도, 상승하는 개런티에 대해 불만을 가지고 있었다. 키스는 전국 예약사무소를 설립하면 경쟁을 줄이고 충분한 예약기간을 확보하여 낮은 개런티로 스타를 영입할 수 있을 것이라고 생각했다. 프록터는 이 조직에 대해 회의적이었다. 알비는 프록터 없이 조직 결성을 추진하지만, 프록터의 불참은 불안감을 낳았다. 계속 프록터의 참석을 설득한 끝에 마침내 프록터를 참여시킨다. 이들은 협약을 맺었다. 협약에서는 프록터가 높은 개런티를 지급하지 않도록 하는 대신, 맨해탄에서의 독점권은 프록터에게 부여하였다. 키스의 가장 강력한 경쟁자였던 프록터는 키스를 싫어하였지만, 키스가 운영하던 뉴욕의 극장 영역을 침범하지 않겠다고 약속했다.

1900년 5월에 키스의 보스턴 사무실에서 18개의 극장 대표자들이 모여 서킷을 결성했는데, 이것이 보드빌 경영자 협회(VMA, vaudeville managers association)였다. 한편 1903년에는 시카고를 중심으로 북서부 지역을 대상으로 하는 서부 보드빌 경영자 협회(WVMA)가 결성되었다. 중심 인물은 마이어펠드와 오르페움 서킷을 운영하던 마틴 벡이었다. 1905년 오르페움은 17개의 극장을 갖고 있었고 1909년에는 27개로 증가한다. 오르페움은 샌프란시스코의 콘서트 설룬에 기원을 둔 서킷으로 서부 최대의 조직이었다.

VMA가 설립되긴 했지만 회원사간의 연대는 느슨했다. 경영자들은 개런티의 결정과 예약을 독립적으로 수행하고 있어서 경쟁체제는 그대로 유지되고 있었고, VMA의 설립목적은 달성되지 못하고 있었다. 프록터는 1901년에 VMA를 탈퇴하여 독자적으로 활동하였고, 퍼시 윌리엄스는 가입 자체를 거부했다.

VMA를 탈퇴한 프록터는 모리스와 손을 잡는다. 키스-알비는 이에 대항하기 위한 조직을 구상한다. 이렇게 탄생한 것이 통합예약사무소(UBO)다. 키스-알비는 1906년에 VMA를 통합예약사무소(UBO)로 바꾼다. 이를 에드워드 알비가 관리했고 키스의 예약사무소에서 운영하였다. UBO는 동부에서 막강한 영향력을 행사했고, 85개의 극장을 관리했다. UBO를 통하지 않으면 어떤 에이전트도 공연예약을 할 수 없었고, 어떤 극장 경영자도 연예인 확보가 불가능했다. UBO의 힘은 서부의 WVMA에까지도 미쳤다. 오르페움 서킷도 UBO를 통해 배우확보와 극장예약을 하기로 협약했다. 1913년 보드빌 극장은 2,973개에 달했는데 UBO는 1,500여개의 극장에 공연을 공급했다. 당시 WVMA는 10개의 서킷을 거느리고 있었고, 300개 이상의 극장에 공연을 제공했다.

UBO는 미국 공연산업의 본거지가 되었다. 알비와 마틴 벡은 수요일 정규회의를 통해 수천 명의 배우들의 운명을 결정했다. 어떤 배우는 '채용', 어떤 배우는 '불필요'로 분류되었다. 가장 좋은 평가는 '루트를 주세요'였다. 로마황제가 엄지 손가락을 올리거나 내림에 따라 검투사의 운명이 결정되는 것처럼 블랙리스트에 기초한 배우들의 운명은 마틴 벡과 알비의 말 한마디 한마디에 의해 결정되었다. 소수에게 권력이 집중되자 경영자들은 배우들을 쉽게 통제할 수 있게 되었다. 보드빌을 비판하는 잡지 광고는 중단하였다.

UBO의 출범은 보드빌 산업 전체에 커다란 변화를 초래했다. 웨버와 필즈, 패스터, 하이드와 베만은 공연단 전체를 하나의 예약단위로 보고 순회공연을 하려고 하였다. 그러나 새로운 예약 시스템은 이를 허용하지 않았다. 개별 공연들을 개별적으로 예약하도록 하였다. 이는 기존의 프로듀서들이 보유하고 있던 공연단의 와해를 초래했다. 개별 예약 시스템은 개별적으로 각각 5%씩의 수수료를 내는 것인데, 전체를 하나의 단위로 하면 수수료의 차이가 커지는 것이다. 반면에 스타들은 자신들이 선호하는 극장을 골라 예약할 수 있고, 이동경로를 짧게 할 수 있으며, 공연 사이의 간격도 줄일 수 있었다. 여기서 VMA는 회원사의 극장은 순회공연단에 내어줄 수 없다는 원칙을 내걸었다. 그러니까 회원사만 극장을 예약할 수 있는 독점체제였다.

5. 카르텔의 목표

UBO와 WVMA는 동부와 서부를 대표하는 보드빌 카르텔이었다. 카르텔은 연극 신디케이트를 모방하여 만든 조직이었다. UBO와 WVMA는 거대한 규모의 공연을 조직하여 수천 명의 보드빌리언을 수백 개의 극장에 출연시켰고, 매일 수백만 명의 관객을 끌어들였다. 공연 스케쥴은 마치 기계처럼 정밀하게 작성되었다. 보드빌은 이렇게 지상 최대의 엔터테인먼트가 되었다. VMA는 전국 보드빌 권역을 동부와 서부로 나누어 서부 보드빌 경영자협회(WVMA)와 동부협회(EVMA)를 구성하고 서부책임자는 시카고의 J.J.머독이 동부는 키스와 알비가 맡았다.

카르텔 협약의 일부로서 경영자들은 UBO가 연예인을 고용할 수 있도록 하였다. 예약사무소는 소유관계보다 지리적 상황을 더 중시하였다. UBO는 지리적 사정을 고려하여 조직되었고, 연예인은 할당된 지역에서 출연하도록 하였다.

카르텔의 핵심적 목표는 경쟁을 줄이는 것이었다. 지나친 경쟁은 스타의 확보를 어렵게 할 뿐만 아니라 개런티를 높여서 경영에 악영향을 미친다. 임프레사리오 간의 경쟁이 치열해지면 치열해질수록 출연자들의 힘은 커지고 경영자들의 힘은 약화된다. 개별적으로 사업을 하면 모든 사람이 경쟁자가 되지만, 동일한 목표를 가진 많은 사람이 참여하는 공동체를 통하면 경쟁이 줄어든다. 독립성과 자유는 사라지지만 안정성은 높아지는 것이다. 담합이었다.

중앙집중화는 독립극장들의 약점이던 개별성을 제거하여 통합적인 운영을 가능하게 했다. 각 예약사무소는 경쟁극장 간의 관계를 잘 조정해야 했다. 같은 지역의 극장 간에는 출연의 간격을 오래 두도록 했다. 카르텔 협약은 또한 라이벌 체인이나 서킷에 출연하는 배우를 블랙리스트에 올려서 출연을 배제하였다.(키스와 알비는 실버스터 폴리와 모리스 에이전시의 연예인들을 블랙리스트에 올렸다.)

카르텔의 두 번째 목표는 수직적 통합을 통한 중앙집중식 통제였다. 중앙에 본부와 예약 에이전시가 있고 본부 산하에 지역단위의 회원사가 있었다. 예약 에이전시는 에이전트를 통제하고 있었고 에이전트는 출연자를 통제하고 지원하는 역할을 담당했다. 본부는 회원사에 공연에 필요한 모든 업무를 지시하고 보고를 받았고, 이는 출연자의 개런티와 다음 공연 예약의 참고자료가 되었다. 마치 군대와 같은 일사불란한 조직이었다. 이를 위해 카르텔의 사무실은 당시로서는 첨단 장비와 인력을 갖추고 있었다. WVMA 사무실은 마천루로 유명한 시카고, 그 중에서도 가장 화려한 건물인 마제스틱 빌딩의 2개 층을 사용하였고, 근대적 산업의 행정에 필요한 모든 필요설비와 인력을 갖추어 놓았다. 전보, 전화서비스와 법률자문을 하는 변호사, 순회공연 책임자, 그리고 50여 명 이상의 직원이 근무하고 있었다.

키스-알비와 오르페움은 서로의 영역에 침투하려고 늘 기회를 노리고 있었다. 이들은 살벌한 경쟁을 하기도 하고 필요에 따라서는 협력하면서 보드빌 산업을 좌지우지하고 있었다.

또 한가지 중요한 목표는 예약 시스템의 합리화였다.

6. 예약 시스템의 합리화

UBO의 중요한 업무는 효율적이고 합리적인 예약이었다. 한 지역에서 다른 지역으로 이동할 때 너무 멀거나 시간이 많이 걸리지 않도록 조정해야 한다. 좋은 예약 에이전트는 각 지역의 사정을 잘 파악해야 했다. 카르텔 또는 UBO의 이점은 합리적인 공연루트의 확보였다. 어디서 언제 출발해서 어떤 경로를 거쳐야 시간과 경비를 절약할 수 있는지를 따져봐야 되는 것이다. 이동하는 시간을 점프(jump)라고 불렀는데, 점프가 많거나 복잡하면 시간과 비용을 효율적으로 사용할 수 없게 된다. 그러나 카르텔을 통하면 한 루트에 수 개월에서 1년 정도의 예약이 가능해진다. 당시 의상과 교통비는 보드빌리언이 부담했기 때문에 긴 점프보다는 짧은 점프를 선호했다. 합리적이고 효율적인 루트를 예약하는 일은 보드빌리언에게는 최고의 행복이었다. 그렇게 되면 그들은 '루트 잡았다'고 외쳤다. 심마니들의 '심봤다'는 외침을 연상케 한다.

통합예약사무소는 출연자의 개런티를 제한하고 5%의 커미션을 받았다. 보드빌리언들은 불만이었다. UBO는 매우 엄격한 통제정책을 취했다. 가맹사에서만 공연이 가능하도록 했고, UBO를 통해 예약한 보드빌리언은 스몰 타임에는 출연할 수 없었다.

• 에이전트

1890년대 중반까지 임프레사리오들은 아티스트를 직접 섭외하고 개런티와 출연기간을 스스로 결정하였다. 10여 개의 보드빌 극장만이 있었을 때는 그런 비공식 시스템이 효율적이었다. 그러나 1890년대 후반부터 산업이 커지고 배우에 대한 경쟁이 격화되면서 연예인들은 뉴욕과 시카고의 에이전트를 고용하여 극장측과 개런티를 협상하고 공연조건을 확정하였다. 1890년대에 에이전트는 25명 정도였고, 이들은 빅 스타와의 협상을 담당했다. 1900년 경이 되면 대중 연예인의 4분의 1 정도만이 스스로의 출연조건을 협상하였고, 대부분 에이전트에 업무를 위임했다. 이 때까지만 해도 보드빌 시장은 공급자(셀러) 시장이었다. 에이전트는 연예인의 스케쥴 관리, 개런티 협상, 홍보 등을 돕는 것이 주활동이다. 에이전트가 독립적으로 활동하고 극장이 스타를 찾던 과거에는 에이전트와 연예인들의 힘이 컸다. 일부 에이전트는 연예인을 통제하고 높은 수수료를 갈취하고, 경영자에 대해서는 고압적인 자세를 취했다. 경영자들은 에이전트의 강한 요구에 골머리를 앓아 왔다.

에이전트는 연예인의 업무를 대행하는 댓가로 수수료를 받았다. 그런데 이 수수료의 비율이 에이전트마다 달랐고, 반면 수수료를 받는 시기는 일정하지 않았다. 이런 상황에서 수수료 지급에 대한 규칙을 정할 필요가 있었다.

보드빌 사업자들은 에이전트에 대항하기 위해 전국적인 네트워크를 결성하여 경영자의 힘을 모으려고 하였다. 그들이 생각한 건 중앙집중식 예약시스템이었다. 에이전트를 통하지 않고 중앙의 예약사무소를 통하면 배우는 5%의 수수료를 내면 된다. 이는 에이전트에게 지불하는 금액과 차이가 없다. 그리고 수수료를 개런티 지급시 자동공제한다. 그렇게 되면 수수료 요율과 지급시기가 일정한 방식으로 관리될 수 있는 것이다. 또한 사업자들은 순회공연의 개별적인 생산방식보다 생산, 유통, 소비체계를 기업운영방식으로 단일화하려고 하였다. 이는 상당한 예술적, 기술적, 행정적 변화를 초래했다. 체인과 서킷의 구성, 그리고 통합적인 중앙예약 시스템은 보드빌 산업의 핵심적인 변화였다.

- **예약전쟁**

예약은 출연자의 생명이었다. 좋은 공연장에 오랜 기간 예약을 한다는 건 돈과 명예를 함께 얻을 수 있는 길이었다. 그래서 예약전쟁이 벌어졌다. 키스와 오르페움 서킷은 각각 콜렉션 에이전시를 구성하였다. 키스의 조직은 〈보드빌 콜렉션 에이전시〉였고 오르페움은 〈엑셀시오르 콜렉션 에이전시〉였다. 에이전시는 돈을 추적하고 분배할 뿐, 예약이나 고용과는 관계없는 조직이었다. 에이전시는 연예인 리스트와 그들이 내야할 수수료를 보고 받았다. 수수료는 에이전시 5%, 배우 에이전트 5%, 총 10%였다. 그런데 에이전시를 운영하려면 비용이 들었고, 이 비용을 에이전트에게 전가했다. 에이전시의 수수료 중 절반을 공제한 것이다. 결국 에이전트 수수료는 개런티의 2.5%에 지나지 않았다. 그러자 에이전트들은 2.5%의 수수료는 적으니 5%는 보장해야 한다고 해서, UBO는 2.5%를 더 올려서 총 12.5%의 수수료를 부과했다. 여기에 추가 수수료를 요구하는 에이전트도 있었고, 과도한 요구로 업계에서 퇴출되는 에이전트도 있었다. 키스 서킷에서 일하던 대부분의 연예인들은 에이전트에게 5-10%의 추가수수료를 지불했다. 그러면 수수료는 20%가 넘었다.

극장 경영자들은 에이전시와 에이전트의 수수료를 출연료에서 공제한 다음 콜렉션 에이전시에 보냈고, 에이전시는 이를 에이전트에 지급했다. 어떤 에이전트도 수수료를 개별적으로 받을 수가 없었다. 환심을 사기 위해 에이전트는 UBO 예약 에이전시에게 돈과 선물을 뇌물로 주었다. 뇌물은 공공연한 비밀이었고, 계속 증가하는 추세였다. UBO에서 수뢰문제가 불거졌을 때 알비는 부인했지만, 트라이아웃 공연참가, 좋은 공연시간과 좋은 루트확보를 위해 상당한 뇌물이 오갔다. 또한 UBO가 출연자에게 지급하는 개런티 중에서 천 달러 당 75달러를 리베이트로 UBO에 상납해야 했다. 계약서에는 천 달러로 표기되어 있지만 서명하자마자 75달러를 내야 했다.

예약을 미끼로 한 여성에 대한 성차별과 성착취는 심각했다. 까다롭지 않고 파티에 잘 참석하는 '착한 여성' 들은 일자리를 얻기 쉬웠고 정숙하고 까다로운 여성들은 어려웠다. 지속적인 예약을 위해 여성 보드빌리언은 예약담당자와 사무실의 모든 남성들을 유혹했다. 그러나 예약담당자들은 이를 부인했고 알비는 그런 사람은 해고하겠다고 경고했다. 노조는 이 문제를 공론화했다.

UBO는 그들이 에이전트가 고객으로부터 수수료를 징구할 때 어려움을 해결해 준다고 생색을 냈다. 때로 에이전트는 좋은 공연예약을 성공시키고도 수수료를 받지 못하는 경우도 있었다. 그래서 수수료를 예약 에이전시에 지급하더라도 그게 더 편했다.

에이전트가 UBO와 콜렉션 서비스를 받아들이지 않으면 사업하기가 어려웠다. UBO에 저항하는 에이전트는 퇴출당했다. 콜렉션 에이전시 제도는 매우 성공적이었다.

에이전시의 연간수입은 20만 달러 정도였다. 사장으로서 알비는 2만 달러의 연봉과 주주로서 수입에 대한 배당금을 별도로 받았다. 화이트 래츠는 뉴욕시에 이 에이전시 사업에 대한 취소소송을 했지만 기각되고 만다.

• 스플릿 위크

스몰 타임 서킷도 자신들의 사정에 맞추어 여러 개혁조치를 취했다. 선 서킷은 거스 선(Gus Sun, 1863-1959)이 조직한 서킷이다. 선은 어릴 때 아버지가 사망하자 하루에 10시간 일하고 15센트를 받는 상점 점원이 되었다. 이후 이 가게에서 도망쳐 저글러가 된 뒤 메디신 쇼의 대표가 되었고, 1904년 오하이오 스프링필드의 보드빌 극장장이 된다. 그의 체인은 급격한 성장을 이루었고, 가장 성공한 스몰 타임 서킷으로 평가된다. 1907년 펜실베이니아, 켄터키, 버지니아, 웨스트버지니아, 미시건, 일리노이, 인디아나, 뉴욕, 캐나다에 이르는 방대한 지역에 70여 개의 극장을 체인화하였다. 그렇지만 그의 체인은 규모가 작아서 알비의 경계 대상은 아니었다. 거스 선은 여러 가지 개혁을 단행했고, 이 중 일부는 빅 타임에서도 썼다.

보통 보드빌 예약은 일주일 단위의 위크 스탠드, 매일 공연장을 바꾸는 일단위 공연(one-night stand), 2일 단위(twonight stand), 그리고 이들을 혼합하는 형태등 여러 가지 조합이 있었다. 그런데 거스 선은 상황에 따라 일주일을 3일씩 나누어, 3일 공연하고 3일은 다른 지역으로 이동하는 방식을 채택했다. 이를 스플릿 위크(split week)라고 했다. 3일 공연 후 다음 공연지로 이동할 때 기차에서 숙식을 해결해야 했지만 보드빌리언들에게는 더 많은 공연기회를 제공하는 장점이 있었다.

7. 스몰 타임 체인

체인과 서킷의 효율성이 알려지면서 많은 도시에 체인과 서킷이 등장한다. 서킷은 불확실한 사업을 가능성 있는 산업으로 바꾼 것이고 배우들의 온갖 수고를 덜어주고 오로지 공연에만 몰두하게 한 획기적인 방법이었다.

1차 대전 종전 후에 가장 큰 체인은 스몰 타임에서 나왔다. 마커스 로우 체인은 1918년에 12개 주에 47개 극장을 거느리고 있었고, 1920년에는 100개 이상으로 증가했다. 1918년 알렉산더 팬테이지스(Alexander Pantages)는 8개주 26개 극장을, B.S 모스는 뉴욕에 16개 극장을, 거스(Gus) 선은 시카고에서 17개 극장을 체인화하였다.

빅 타임에서는 프록터 체인이 1910년에 뉴욕과 뉴저지에서 12개, 퍼시 윌리엄스는 1912년 키스에게 매각할 때 8개, 키스는 33개 극장을 체인화하고 있었다. 체인은 가장 영향력있는 마케팅 방식이었지만 누구도 지배적인 지위를 갖지는 못했다. 1914년에 오르페움 체인은 250개 이상의 극장을 체인화했는데, 실제 소유는 12%를 넘는 정도였다. 키스는 1910-1918년 사이에 미시시피 강 동쪽 체인에서 15% 이상을 소유하지 못했다.

스몰 타임은 전국 곳곳에서 체인 협약이나 카르텔 계약을 통해 협력해 나갔다. 동부의 뉴욕에서부터 서부의 샌프란시스코, 중남부의 텍사스와 루이지애나 등에 이르는 많은 지역에 빅 타임에 가입하지 않은 지역 서킷이 있었다. 이들 마이너 체인은 공동예약을 위해 체인이나 독립극장들이 연대하는 방식이었고, 이들 중 일부는 빅 타임보다 윌리엄 모리스 에이전시와 같은 배우 에이전시에 의존했다. 예약 서킷에 가입하면 독립극장들은 연예인을 확보할 수 있었다. 연예인들은 이동이 편리한 시간과 공간예약이 되면 낮은 출연료도 감수하였다. 이런 상황에서 보드빌 산업은 불안정할 수밖에 없었다.

20세기 초반에 15개의 메이저 서킷이 있었는데 그들은 체인보다 규모가 컸고, 대부분 지방에 위치했다. 스몰 타임에는 서킷은 많지 않았다. 그러나 1890년대 말에 자발적 예약들이 더 강해졌고 극장 소유주들은 같은 연예인에게는 동일 개런티를 지급해야 한다는 내용의 계약에 합의했다.

체인이건 서킷이건 중요한 건 계약기간이었다. 이 때문에 서킷과 체인의 규모는 회원사의 숫자가 아니라 계약기간에 의해 정해졌다. 대부분의 극장은 주 단위로 예약했다. 1912년에 오르페움에서 공연한다는 것은 32개 가맹사와 각 1주씩 공연한다는 걸 의미했다.

극장 체인과 자발적 서킷의 숫자가 늘어나자 일부 사업자들은 시간이 배우계약에서 중요한 요소임을 인식하게 된다. 이는 많은 극장과의 네트워크가 필수적이었다. 소수의 극장을 소유하고 있던 오스카 해머스타인과 프록터 같은 사업자들은 스타를 캐스팅하기 위해 더 높은 개런티를 줄 수밖에 없었다. 또한 수시로 유럽으로 가서 스타를 섭외해야 했다. 윌리엄 모리스같은 스타 에이전시와도 긴밀한 관계를 유지해야 했다. 1906년까지 모리스는 52주간 예약가능한 서킷을 만들었다. 이는 라이벌 서킷에 대항할 수 있는 규모였다.

독립극장 서킷의 강점은 해머스타인이나 프록터 또는 모리스 서킷의 힘에 있었다. 반면 약점은 비공식적 관계, 약한 극장의 권위, 고가의 배우를 영입할 수 있는 현금보유액이 있어야 한다는 점이었다.

일부 체인은 더 긴밀한 관계에 대해 논의하기 시작했다. 이들은 빅타임으로 인한 개런티의 상승에 대처하기 위해 라이벌 서킷에 출연자를 배제하는 블랙리스트를 작성했다.

8. 콤바인: 동부와 서부의 연합

서부 경영자들은 제작비 상승과 출연자의 개런티 인상 시도에 대응하면서, 동부지역 사업자들의 서부 진출을 우려하고 있었다. 1901년 6월에 예약사무소가 출범할 때 카르텔은 연예인들에게 25주간의 시간을 제공하고, 같은 배우에게는 동일 개런티를 지급할 것, 상대의 영역을 침범하지 않을 것에 합의하였다. 서부 경영자들은 이런 협약을 동부에까지 확대하기를 희망했다. 이는 동부와 서부간에 존재하는 전통적 분리를 해결할 수 있는 큰 발걸음이었다. 대부분의 동부 극장들은 서부의 대극장 스타들을 경멸했다. 반면 서부 경영자들의 눈에 스타 개런티의 급등은 퍼시 윌리엄스, 프록터, 오스카 해머스타인 같은 극장 소유자들 때문이었다. 그들은 동부의 협력자를 찾아냈다.

키스도 오르페움과 WVMA의 회원들과 동맹을 맺는데 심혈을 기울였다. 1906년 4월 알비를 시카고로 보내 협상케 하였다. 알비는 모리스 마이어펠드가 매우 까다로운 협상가임을 알게 된다. 마이어펠드-벡은 동부유럽 출신의 유대인이었고, 키스-알비는 뉴 잉글란드 출신의 비유대인이었다. 오르페움 관리자는 대부분 유대인이었고 키스-알비 관리자는 프로테스탄트와 카톨릭이었는데, 이런 문화적 차이는 서로간에 타협을 어렵게 했다.

마이어펠드는 새로운 2천석 규모의 극장을 1907년 1월 오픈하였다. 5월에는 동부-서부 연합 협상이 뉴욕에서 열렸다. 알비, 마이어펠드, 콜, 머독, 프록터가 참여하였다. 협상은 길고 뜨거웠다. 키스-알비, 프록터와 WVMA의 콜-캐슬, 미들턴, 오르페움의 마이어펠드와 벡 사이에 6월 중순 마침내 합의에 도달했다. 그들의 새로운 연합체를 '콤바인 combine'이라고 불렀다. 콤바인은 두 개의 지역으로 나누었다. 신시내티를 기점으로 키스가 관리하는 동부 서킷과 마이어펠드가 관리하는 서부 서킷이었다. 키스 서킷은 워싱턴 DC와 캐나다까지를 포함한 대서양 연안지역까지, 오르페움과 WVMA는 태평양 연안과 남부의 루이스빌에서부터 뉴올리안스, 서부 캐나다를 관리하면서 서로 자신의 영역을 준수하고 상대의 영역을 침범하지 않기로 합의했다.

콤바인은 키스와 오르페움의 힘을 강화시켰다. 빅 타임 예약을 지배하는 독점구조를 형성하였다. 보드빌의 독점 구조가 완성된 것이다.

동부의 UBO와 서부의 오르페움이 시장에서 커다란 영향력을 발휘하였다. 1913년에 약 200여 개의 극장이 이들을 통했는데, 이는 전체 극장의 약 15-20%였다.

9. 카르텔의 폐해

중앙집중식 예약제도와 카르텔은 보드빌의 풍경을 바꾸었다. 새로운 기업의 시장진입을 봉쇄했고 기존 기업들에게는 경쟁을 통한 질적 향상의 길을 방해했다. 프록터는 UBO 산하의 똑같은 극장들의 범람은 같은 것만을 양산해서 새로운 것, 새로운 피의 등장을 막고 있다고 비판하였다.

역설적이게도 개런티를 낮추고 간접비를 줄여서 전체적인 제작비를 절감하기 위해 만든 카르텔이 키스와 오르페움 카르텔의 사적 이익만을 채워주는 결과를 낳았다. 그들은 도심에서 비싼 빅 타임을 운영했다. 대중을 위한 방식은 스몰 타임이었다. 스몰 타임은 헤드라이너 접근이 어렵고 개런티가 높아지자 값싼 영화로 눈을 돌릴 수밖에 없었다. 보드빌이 많은 대중을 위한 대중연예(mass entertainment)가 될 수 있었던 것은 저렴한 타켓가격과 접근하기 쉬운 극장으로 인한 것이었다. 반면 빅 타임 보드빌은 정해진 시간에 하루에 두 번 공연하고 티켓 가격을 올림으로써 스스로 연극과 경쟁하는 상황을 만든 결과가 되었다.

카르텔은 특정인이나 특정단체에 독점권을 부여하고 경쟁자나 비회원은 배제하는 비윤리적인 조직이었다. 배우들은 예약의 댓가로 수수료를 내야 했고 이로 인해 커다란 갈등이 생겨났다.

3부

보드빌 전쟁

1장 보드빌 제국

19세기 미국의 공연산업과 엔터테인먼트산업에는 많은 관계자들 사이에 혈투가 있었다. 연극 산업에서는 연극 신디케이트와 슈버트 형제[34] 사이에 전쟁이 있었고, 보드빌 산업에서는 많은 관계자 사이에 다중적인 싸움이 있었다. 보드빌 산업은 전면적 투쟁의 역사였다.

연극에서 연극 신디케이트와 슈버트 형제 사이의 대립이 극심하긴 했지만, 보드빌의 경쟁체제는 연극의 갈등을 훨씬 능가하는 것이었다. 경쟁이라기보다는 전쟁에 가까웠다. 보드빌 산업은 연극(정극)산업보다 관객이 많았고 규모도 훨씬 컸다. 따라서 강한 투기적 요소가 작용했고 경쟁은 많은 방면에서 나타났다. 아직 공연흥행의 규칙이 확립되기 전이라 서로 물고 물리는 이전투구가 산업을 지배했다.

엔터테인먼트 산업에서는 생산품과 가격에 대한 확실한 통제권을 확보하는 것이 중요하다. 다른 산업처럼 기술발달이나 생산성 향상과 같은 급격한 혁신이 불가능하기 때문에 제한된 스타와 콘텐츠를 저렴하게 확보하는 것이 시장지배력을

*34) 슈버트 리(Lee), 샘(Sam), 제이콥(Jacob) 슈버트 3형제가 1900년, 20대 초반에 슈버트 사(Shubert Organization)를 설립하고 공연산업에 뛰어들어 연극 신디케이트의 전횡에 맞서 싸운다. 둘째인 샘이 대표를 맡아 운영하다가 열차사고로 사망하자 두 형제가 회사를 키운다. 지금도 브로드웨이에 여러 개의 극장을 가지고 있고, 20세기 미국 공연산업에서 매우 중요한 자리를 차지했던 가문이다.

높이는 길이다. 19세기 미국 엔터 산업에서는 스타와 극장을 확보하기 위한 전쟁이 벌어졌다.

보드빌에는 지역간(동부와 서부), 지역내 서킷간(예를 들면 동부의 키스와 프록터, 서부의 오르페움과 팬테이지스), 규모(빅 타임과 스몰 타임), 장르(연극, 레뷔, 영화 등과의 경쟁), 임프레사리오간(키스-알비와 군소 임프레사리오), 그리고 노조와 경영자 간에 살벌한 싸움이 벌어졌다. 블랙리스트가 난무했고 배신과 음모, 협박으로 상대를 제압했다. 때로는 생산적 경쟁이 이루어지기도 했지만 많은 방면에서 상대를 거꾸러뜨리려는 파괴적 경쟁이 벌어졌다. 물고 물리는 약육강식의 전쟁터였다.

키스-알비는 동부의 강자로 경쟁상대를 차례로 무너뜨리면서 보드빌 제국을 건설한다. 그 성공 전략은 회유와 협박, 그리고 블랙리스트였다.

1. 토니 패스터의 몰락

B.F. 키스는 1892년 알비를 자신의 공연사업의 총책임자로 승진시킨다. 알비는 이후 키스의 오른팔이 되어 사업을 총괄하였고 키스-알비 서킷을 보드빌 산업의 최강자로 만들었다. 알비는 매우 강인한 성격이었다. 약속을 헌신짝처럼 어겼고, 거짓말을 밥먹듯했으며 무자비한 방식으

로 경쟁자들을 제압해 나갔다. 기독교 가정에서 태어나 강한 종교적 신념을 가진 기독교 신자였지만 사업방식은 냉혹하고 폭압적이었다. 모든 사업목표는 돈벌이에 있었고 연예인은 이를 위한 수단에 지나지 않았다. 당근과 채찍, 물타기 전략, 위협과 협박, 블랙리스트 등 상대를 제압하기 위해서는 온갖 방법을 동원하였다.

토니 패스터는 1865년부터 공연 사업을 하면서 건전한 보드빌을 확립하여 관객을 개발하려고 하였다. 반면 패스터보다 늦게 공연산업에 뛰어든 키스는 극장의 변화를 관객유인 요인으로 보았다. 극장을 보다 화려하고 근대적인 공간으로 바꾸는 데 중점을 두었다. 키스는 1883년 유니온 스퀘어 가든 극장을 임차하여 대대적으로 개보수했다. 패스터와 경쟁하기 위해 일급 극장과 작품이 필요했기 때문이었다. 외부에는 스테인드 글래스로 장식하고 황금색과 하얀색으로 다시 페인트칠했다. 말발굽 모양의 1,300석의 3층 극장으로 바꾸고 내부는 유럽식으로 장식했다. 보수후에 뉴욕에서 가장 아름답고 편안하며 우아한 보드빌 극장으로 소문이 났다. 패스터와 달리 유니온 스퀘어 극장은 많은 직원을 고용했다. 어셔만 60여 명에 달했고, 이들은 터키식 복장을 하고 있었다.

유니온 스퀘어 극장은 플레이렛으로 유명했다. 이는 키스-알비가 연극의 예술성과 이야기를 포함함으로써 보드빌을 세련되게 하려는 시도였다. 패스터는 일주일에 여러 개의 공연을 한 반면, 키스-알비는 스타 시스템을 썼고, 같은 공연을 반복하였다. 패스터는 높은 제작비를 필요로 했을 것이다.

키스가 유니온 스퀘어 극장을 오픈한 이후에 패스터의 수입은 급감하였고, 결국 은퇴하고 말았다. 이는 전통적 경영과 근대적 경영방식의 차이에서 비롯된 것이었다.

2. 프록터의 굴욕

F.F.프록터는 키스-알비의 가장 강력한 경쟁자였다. 프록터는 키스보다 먼저 보드빌 사업을 시작하였고 이미 상당한 성공을 거두고 있었다. 키스-알비로서는 패스터를 무너뜨린 후 프록터를 꺾어야 보드빌의 지배자가 될 수 있었다.

프록터는 어릴 때 저글링을 배우다가 어떤 임프레사리오의 눈에 띄어 서커스단에 입단했다가 연예 사업에 진출하였다. 1889년에는 유명한 〈프록터의 23번가 극장〉을 건립하였고, 전성기 때는 50여 개의 극장체인을 조직하였다.

프록터는 키스의 공연구역인 동부의 뉴욕, 시라큐스, 브루클린 등지에서 공연사업을 하고 있었다. 키스와 부딪히는 건 당연한 일이었다. 키스와 프록터 사이의 대립은 유니온 스퀘어의 극장 경영자 파인스를 프록터가 스카웃하면서 격화된다. 알비는 파인스를 중재자로 하여 프록터를 설득하려 노력했으나 실패하고 만다.

알비는 프록터를 압박한다. 프록터는 보드빌 최고의 독립 에이전트였던 윌리엄 모리스를 통해 예약하고 있었다. 키스는 윌리엄 모리스 같은 독립 에이전시를 축출하기 위해 예약 에이전시를 설립한다. 모리스는 키스의 라이벌인 실베스터 Z. 폴리 등 세 명의 임프레사리오의 예약을 대행하고 있었다. 키스 -알비는 예약 에이전시의 성공을 위해서는 이들을 포섭할 필요가 있었다.

키스-알비는 프록터의 뉴웍 극장 인근에 1800석짜리 비주(Bijou)극장을 은밀히 인수하고 파인스를 사장으로 기용한다. 그는 키스-알비를 떠나 프록터에게 갔다가 다시 돌아온 경영자였다. 1906년 4월에는 프록터가 임차한 〈5번가 극장〉을 몰래 사버렸다. 프록터는 경악했다. 프록터에게 극장임차가 더 이상 불가능해진 것이다. 키스는 프록터에게 모리스와 결별하든지 자신들의 예약 에이전시를 통하든지 5번가 극장에서 손을 떼라는 최후통첩을 보낸다.

프록터와 키스-알비의 합병소문이 돌았다. 프록터는 키스가 그의 극장 옆에 다른 극장을 오픈할 것을 염려하여 그의 네 개의 극장을 키스의 유니온 스퀘어 극장 및 비주극장과 합병한다. 이로써 이 6개의 극장은 키스와 프록터의 이름으로 흥행하게 되었고, 10년 동안 키스의 예약 에이전시를 통하기로 약정한다. 프록터의 가세로 키스는 35개의 극장을 확보하게 된다. 프록터는 수입의 50%를 분배받기로 약정하고 2인자로 물러앉았다. 그리고 뉴욕 보드빌계에서 영향력을 상실하고 만다.

3. 알비, 실베스타 폴리를 제압하다

키스-알비는 이번에는 실베스타 폴리(Sylvesta Poli)를 압박한다. 폴리는 이탈리아계 이민으로, 왁스 박물관을 운영하다가 보드빌에 뛰어든 임프레사리오였다. 그가 1905년 뉴 헤이븐에 오픈한 팰리스 극장은 여성과 어린이 관객에게 인기가 있었다. 여기에 코네티컷과 매사추세츠에서 3개의 극장을 추가로 운영하고 있었다. 뉴욕 근처였기 때문에 빅 타임 보드빌을 공연하였고, 이는 키스에게 큰 위협이 되었다. 키스는 프록터에게 사용한 방법을 다시 사용했다. 폴리의 극장 근처에 다른 극장을 오픈하겠다고 위협한다. 1905년 폴리가 워체스터 극장을 오픈하자 재빨리 근처에 파크 극장을 임차한다. 그 곳은 두 개의 극장이 공존하기 어려운 지역이었다. 키스-알비는 폴리 극장의 공연을 방해했고, 폴리는 키스를 독재자라고 비난한다. 강인한 폴리는 물러서지 않았다. '당신의 땅을 지켜라. 평화로운 시기에는 전쟁을 준비하라.' 폴리가 이번에는 오히려 키스를 협박한다. 폴리는 저지의 비주극장 근처에 땅을 가지고 있었고, 키스의 극장 근처에 다른 극장을 짓겠다고 위협했다. 폴리의 확장을 막기 위해 키스는 은행 대출을 방해하였다. 그러자 키스가 폴리의 사업을 파탄시킬지 모른다고 걱정한 은행은 대출을 중단하였고, 자금확보가 여의치 않자 폴리는 화해하고 서로 극장을 짓지 않기로 약속한다. 폴리는 결국 모리스와 결별하고 키스 에이전시를 통해 예약하기로 합의하였는데, 이로 인해 폴리는 독립성을 상실하고 만다.

윌리엄 모리스는 폴리와 프록터의 이탈로 큰 타격을 받는다. 그러자 많은 빅타임 배우들이 키스 에이전시로 이동한다. 폴리와 프록터를 통합함으로써 1906년 말에 키스는 50-75주의 공연이 가능해졌다. 키스 서킷은 동부지역 최대의 에이전시로 부상한다.

4. 퍼시 윌리엄스 농락하기

키스-알비는 이번에는 퍼시 윌리엄스(Percy Williams)를 끌어들이려 했다. 그러나 윌리엄스는 모리스의 충성스런 고객이었다. 맨하탄과 브루클린, 할렘에 5개의 일급 극장을 가지고 있던 키스의 라이벌이었다. 둥근 얼굴에 땅딸막한 윌리엄스는 점잖고 품격있는 인격과 부드러운 목소리를 가진 사업가였다. 과거에는 코믹 스타로 활동하다가 메디신 쇼에 투신하였고, 민스트럴 쇼와 블랙페이스 코미디를 공연했다.

윌리엄스는 1890년대 후반에 브루클린의 1,700석짜리 오르페움 극장(오르페움 서킷과 무관)에서 보드빌 공연을 선보일 기회가 생겼다. 이로 인해 당시 브루클린에서 가장 인기가 있었던 하이드와 베만(Hyde & Behman)과 라이벌이 되었다. 브루클린 시민들은 윌리엄스의 공연을 좋아했고 특히 어린이 관객이 많았다. 정직하고 성실해서 연예인들은 그의 극장에서 공연하기를 좋아했다. 미국의 스타나 영국 뮤직 홀 배우들을 섭외하여 '잘 균형을 이룬 공연'을 하였다

윌리엄스와 키스의 관계는 매우 껄끄러웠다. 키스가 VMA를 만들 때 윌리엄스를 초청하지 않았기 때문이다. 그는 드라마틱 미러지에 광고를 내서 VMA를 보드빌리언의 출연료를 갈취하려 만든 불법적 조직이라고 비난한다.

1903년에 윌리엄스는 VMA의 사업영역을 두고 키스와 싸웠다. 윌리엄스는 맨하탄의 서클 극장을 임차한다. 키스는 윌리엄스가 VMA 멤버의 영역을 침범해서는 안 된다고 항의했고, 윌리엄스는 자신은 맨하탄에 극장을 열 권리가 있고, 그 권리는 어느 지역에 한정되지 않는다고 하였다. 만약 VMA가 그를 축출한다면 자신의 계획을 밀고 나갈 것임을 밝힌다. 이

사회가 열리고 회원들은 윌리엄스가 새 극장을 오픈할 때, 그들의 승낙을 얻지 않은 것은 강령위반이라고 주장했지만, 윌리엄스는 맨하탄과 브루클린은 같은 도시에 있어서 어느 곳에서건 극장을 열 수가 있다고 하였다. 그러나 투표결과 15:1로 VMA 자격을 박탈당한다.

윌리엄스는 VMA를 떠나면서 모리스를 통해 예약하기로 합의한다. 그런데 1906년 5월에 모리스를 떠나 다시 키스로 갈 것이라는 루머가 떠돌았다. 그는 루머를 부인하였지만 몰래 알비를 만나 키스-알비로의 복귀 가능성을 타진하였다. 그러나 알비는 이를 거절한다.

그 후 6개월 동안 키스와 윌리엄스의 싸움이 격화한다. 키스가 브루클린에 극장을 확보했다는 루머가 돌자, 윌리엄스는 격노한다. 이에 대한 보복으로 보스턴에 엠파이어 극장을 임차하였는데, 이는 키스와의 전면전을 의미하는 것이었다. 이 소식을 듣고 알비는 윌리엄스에게 엠파이어 극장은 보드빌 극장이 되어서는 안 된다고 압박한다. 알비는 브루클린 극장운영을 포기할 테니 보스턴에서 철수하라고 말한다. 그러나 윌리엄스는 알비가 그런 제안을 할 권리가 없다고 주장하고, 1906년 9월 2,400석의 보스턴 오르페움 극장을 오픈한다.

그러자 키스-알비는 바로 알함브라 극장 근처에 오스카 해머스타인의 할렘 오페라 하우스를 임차한다. 1904년에 윌리엄스가 임차한 적이 있는 이 1,600석의 극장은 곧 유명스타들이 출연하는 가장 인기있는 극장이 되었다.

키스와 윌리엄스는 곧 화해할 것이라는 소문이 돌았다. 윌리엄스는 키스에 맞서기 위해 필라델피아의 가장 좋은 극장인 체스넛 스트리트 극장을 임차한다. 키스-알비는 윌리엄스와 더 이상 싸우지 않기로 했다는 소문이 나돌았다. 1907년 1월 윌리엄스는 키스-알비에게 예약 에이전시의 수입을 나누는 조건으로 VMA 참여를 제안한다. 그러자 키스도 관심을 보이면서 협약에 이르게 된다.

윌리엄스는 모리스를 떠나 UBO에 합류한다. 또한 키스와 윌리엄스는 서로 상대의 지역에서 경쟁하지 않기로 하였고 윌리엄스는 UBO의 부회장이 된다. 기자가 왜 키스측에 합류했는지 윌리엄스에게 물었다. '그야말로 상업적 이유다. 서로 반목하면 손해만 발생한다. UBO는 보드빌 발전과 연예인들에게 모두 도움이 된다.'고 대답했다. 윌리엄스는 UBO는 보드빌의 '신시대'를 열었다고 평가하면서 자기는 모리스를 배반하지 않았다고 주장했다.

5. 오스카 해머스타인 끌어들이기

키스-알비는 이번에는 오스카 해머스타인을 UBO에 합류시키려 했지만 쉬운 일은 아니었다. 타임스 스퀘어에 있던 그의 빅토리아 극장은 키스의 유니온 스퀘어 극장보다 월등히 인기있는 보드빌 극장이었기 때문이다. 그는 브로드웨이의 가장 열정적이고 성실한 임프레사리오로서, 엔터테인먼트 사업을 하는 동안 많은 돈을 벌기도 하고 손해를 보기도 하였다.

그는 독일계 이민이었다. 아들 윌리 역시 이비지의 뒤를 이어 보드빌 극장을 경영한 임프레사리오였고 손자 오스카 해머스타인 2세는 미국 뮤지컬 황금기에 〈오클라호마〉, 〈남태평양〉, 〈왕과 나〉 등의 인기 뮤지컬을 작사한 예술가였다. 해머스타인은 16살 때 뉴욕에 와서 담배공장에서 일하다가 담배 제조기계 발명으로 큰 돈을 번다. 그러나 그는 순수예술에 관심이 많았다. 바넘의 다임 박물관을 자주 방문하여 공연 작품을 쓰기도 했다. 1889년 할렘 오페라 하우스의 운영을 시작하여 1892년에는 2600석의 맨하탄 오페라 하우스를 오픈하지만 흥행에 실패한다. 메트로폴리탄 오페라라는 강력한 경쟁자가 있었기 때문이다. 파국을 면하기 위해 코스터와 비알과 함께 버라이어티 뮤직홀을 시작했지만 동업자들과 사사건건 충돌하고 그들과도 결별한다.

1895년에 화려한 올림피아 극장을 건축한다. 6천 석의 거대한 극장으로 매우 위험한 사업이었다. 11월 오프닝에는 진흙길을 뚫고 관객이 인산인해를 이루어 경찰까지 출동할 지경이었다. 그렇지만 곧 흥행부진에 시달린다. 새롭고 신기한 공연도 많았고 유럽 스타들도 출연했지만 실패한다. 리릭 극장의 평범한 프로덕션이나 오페라, 발레도 참패한다. 극장의 과도한 관리비가 큰 부담이 되었다. 10만 달러 이상의 빚을 지게 되자 채권자들은 해머스타인을 압박한다. 그러나 그는 독립 임프레사리오로서 파트너와의 동업 대신 보스가 되기를 원했다. 1894년 6월 올림피아에 90만 달러의 대출을 해준 뉴욕 보험사는 극장을 압류하였고, 3주 후에 다른 회사에 팔렸다. 분노한 해머스타인은 반드시 새로운 극장을 오픈하겠다고 다짐한다.

두 개의 특허를 팔고 친구들로부터 돈을 빌린 해머스타인은 새로운 극장 건축에 나섰다. 미국의 모범적인 뮤직 홀이 목표였다. 9개월에 걸쳐 중고 재료를 써서 8만 달러의 비용으로 건축하였고, 빅토리아 극장으로 명명한다.

• 윌리 해머스타인과 빅토리아 극장

1899년 3월 2일 불사조의 귀환을 반기는 많은 뉴요커들이 빅토리아 극장 오프닝에 참석한다. 처음 4년 동안 빅토리아는 뮤지컬 코미디, 엑스트라버간자, 드라마 등을 공연하였고, 특히 보드빌 전문극장으로 유명했다.

그는 아들 윌리에게 경영을 맡긴다. 윌리는 친구 윌리엄 모리스를 통해 예약하였다. 아들 윌리는 대단한 공연기획자였고, 아들의 경영능력으로 빅토리아는 뉴욕에서 가장 인기있는 보드빌 극장이 된다. 순수예술을 선호한 아버지 오스카는 여러 편의 그랜드 오페라[35]를 제작해 큰 손해를 보았다. 반면 대중연예를 선호한 아들 윌리는 큰 돈을 벌었다. 1904년부터 경영에서 손을 뗀 1912년까지 매년 평균 30만 달러(오늘날의 환율로 90억원 정도)의 수익을 올렸다. 그의 경영능력을 탐낸 알비는 그를 연봉 35,000달러에 스카웃하려고 했지만 윌리는 거절한다. 아버지 오스카와 아들 윌리 사이에는 불화가 끊이질 않았다. 어느 날 아버지 오스카가 아들 윌리에게 이런 제안을 한다. '윌리야. 내게 좋은 아이디어가 있다. 그랜드 오페라를 공연하는 35개의 극장체인을 만들면 큰 돈을 벌 거다.' 그러자 윌리는 '그랜드 오페라로 벌써 극장 네 개를 말아먹었잖아요. 그런데 또 그랜드 오페라를 한다구요.' 그 뒤로 윌리는 아버지를 몇 달 동안 피해 다녔다.

키스의 극장과 달리 빅토리아 극장은 떠들썩하고 외설스러웠다. 담배를 허용했고 술도 팔았다. 특이한 동물쇼, 아크로바트, 스포츠 스타, 사이드 쇼[36] 등 대중적인 쇼가 주를 이루었다. 특히 웨버와 필즈, 해리 후디니, 키튼 가족, 버트 윌리엄스, 에바 탕궤이, 마리 드레슬러 등 쟁쟁한 스타들이 출연하면서 승승장구한다.

윌리는 P.T. 바넘 못지 않은 상재를 가지고 있었고, 필요하면 사술을 쓰기도 했다. 그는 다임 박물관과 기형쇼를 결합한 엔터테인먼트를 보여주었다. 1908년 필라델피아에서 〈웃

*35) 1830년대부터 약 50년간 프랑스를 중심으로 유럽에서 유행한 장대한 스케일의 오페라. 4–5막으로 구성되었고, 스펙터클한 세트와 무대효과, 역사적 사건을 기반으로 한 거대서사 등이 특징이었다.

*36) 서커스 등에서 추가공연이나 엑스트라 쇼 등 본공연이 아닌 2차적 공연을 말한다. 기형적 인간이나 동물을 보여 주던 기형쇼(freak show)가 추가로 공연되었는데 이를 사이드 쇼로 불렀다.

지 않는 수(Sober Sue)〉 라는 여성을 데리고 왔다. 그녀는 전혀 웃지 않는 무뚝뚝한 여성으로, 그녀가 할 수 있는 일은 오로지 앉거나 서는 일밖에 없었다. 윌리는 빅토리아 극장의 지붕정원에 전시 스턴트를 기획한다. '웃지 않는 수를 웃기면 누구에게라도 상금 100달러를 지급한다'는 포스터를 붙였다. 일반 손님은 물론 쟁쟁한 코미디언까지 와서 시도했지만 그녀는 결코 웃지 않았다. 안면근육 마비로 웃을 수가 없었던 것이다.

빅토리아 극장은 타임스 스퀘어에 위치한 유일한 보드빌 극장으로, 키스는 눈독을 들인다. 키스는 근처에 극장을 지으려고 했지만 자칫하면 큰 싸움으로 번질까 봐 망설인다. 키스는 해머스타인과 친분이 없었기 때문에 윌리엄스를 통해 해머스타인을 접촉한다. 키스는 출연료는 동결하고 보드빌을 확대하며 경쟁사로의 보드빌리언 이탈을 막을 수 있으니 자신과 협력하자고 제안하지만, 해머스타인은 거절한다. 키스는 이번에는 해머스타인이 운영하던 올림피아 뮤직 홀을 인수하여 뉴(New) 뉴욕극장으로 이름을 바꾸어 일급 보드빌 극장으로 만들겠다고 협박한다. 윌리는 화가 났다. 이런 협박도 윌리의 결정에 영향을 주지 못했다. 오히려 그 제안에 대한 보복으로 키스측 관계자들을 자신의 극장에 접근하지 못하도록 하고, 키스와 경쟁하기 위해 필라델피아에 극장을 오픈하려 했다. 심지어 키스에게 편지를 써서 필라델피아의 극장을 팔 용의가 없냐고 비아냥거렸다. 갈등이 최고조에 달했을 때, 키스는 솔깃한 제안을 한다. 맨하탄 중심가에서 해머스타인의 독점권을 보장하는 지역 프랜차이즈를 제안한 것이다. 이는 매력적인 카드였다. 타임스 스퀘어를 포함한 해머스타인 지역에서 다른 공연을 하지 않도록 보장한다는 것이었다. 이에 대한 보답으로 해머스타인은 맨하탄에서의 보드빌 공연을 더 이상 확대하지 않고 예약은 UBO를 통하기로 합의한다.

해머스타인과 윌리엄스를 끌어들임으로써 키스는 도약이 가능해진다. 21개의 뉴욕의 일급 극장을 포함하여 71개의 극장을 통합하여 거대한 네트워크를 구축할 수 있게 되었다. 키스는 회장이 되고 알비는 총책임자가 된다. 오르페움-WVMA서킷과 연계하여 UBO는 2년간의 공연을 기획할 수 있게 되었다. 키스-알비는 이렇게 동부의 주요한 경쟁자를 제압하고 보드빌 제국을 구축한다. 프록터, 실베스터, 폴리, 해머스타인, 퍼시 윌리엄스 등을 쉽게 제압할 수 있었던 건 이들이 작은 체인을 갖고 있었고 독자적으로 행동하고 있어서 힘이 약했기 때문이다. 이런 일은 1910년 경까지만 가능한 일이었다. 지역에 기반을 둔 빅 타임 체인들은 호락호락하지 않았다. 이들은 지역이나 다른 체인과 연대를 하고 있었기 때문이다

2장 보드빌 전쟁

1. 윌리엄 모리스

보드빌의 여러 경쟁 양상 가운데 가장 치열했던 싸움은 동부와 서부의 카르텔이 연합한 콤바인과 독립 에이전시와 연극 사업자가 연합한 고급 보드빌 사이의 전쟁이었다. 이를 보드빌 전쟁(vaudeville war)이라고 부른다.

카르텔이 동부와 서부의 주요지역을 지배하고 있었지만 이들 카르텔에 소속되지 않은 독립극장이나 독립 에이전시가 더 많았다. 그 중 대표적인 인물은 윌리엄 모리스(William Morris)였다. 그는 보드빌 산업의 독점을 노리던 키스-알비 서킷에는 눈엣가시였다. 키스가 프록터, 해머스타인 등의 경쟁자를 제압한 뒤 남은 건 윌리엄 모리스였다. 키스-알비와의 오랜 싸움으로 곤경에 처했지만, 그는 좌절하지 않는 불굴의 투지를 가지고 있었다. 모리스는 UBO의 출범과 키스의 협박으로 여러 고객을 잃었고, 폴리 등의 주요 고객이 떠남으로써 약 20만 달러의 연수입을 잃었다. 나중에는 그와 같이할

사업자가 남아있지 않았다.

그는 대중연예 사업을 연극 신디케이트의 관리자였던 클로와 에어랑어 회사에서 시작했기 때문에 키스와는 늘 갈등 상태에 놓일 수밖에 없었다. 그의 인생은 성공과 실패를 거듭한 롤러코스터 인생이었다. 빌보드지는 그를 '아홉 개의 목숨을 가진 사람'이라고 평했다.

그는 1873년 오스트리아 헝가리 제국에서 태어난 유대인으로, 아버지가 단신으로 미국에 온 이민가정 출신이었다. 아홉 살 때 뉴욕으로 와 아버지와 합류하였고, 동부의 유대인 게토에서 성장한다. 일찍이 정규교육을 중단하고 가게 점원으로 고생한다. 어려서부터 엔터테인먼트 산업에 관심을 갖고 있어서 바워리 가와 유니온 스퀘어 부근을 자주 방문하였다. 유대인들에게 연예계 진출은 빈민가를 탈출할 수 있는 길이었다.

모리스는 먼 친척인 마이클 리비트(Michael Leavitt)의 주선으로 당시 영향력있는 에이전트였던 조지 리만(George Liman) 밑에서 일하게 된다. 모리스는 탁월한 섭외능력이 있었고, 곧 책임자로 승진한다. 그런데 리만은 건강이 악화되면서 지분의 50%를 모리스에게 증여하고 곧 사망한다. 누구나 리만의 미망인이 모리스에게 경영을 맡길 걸로 생각했지만 프록터의 관리인이었던 해리 브루넬에게 넘긴다. 브루넬은 배우들에게 매우 인색한 에이전트였다.

모리스는 1898년 〈윌리엄 모리스 보드빌 에이전트〉를 설립하고, 리만의 중요한 클라이언트 -예를 들면 해머스타인, 폴리 등- 를 모조리 영입한다. 런던과 베를린에도 지사를 설치한다. 리만 사무소는 3개월 후에 문을 닫는다. 모리스는 특히 국제적인 스타의 확보에 총력을 기울인다. 설립 당시 키스의 독점체제로 인해 크게 고전하였다.이 때부터 키스-알비와 모리스의 보드빌 전쟁은 30년 넘게 지속된다. 그는 독립 에이전시로서 거대한 키스-알비 제국과 싸웠지만 외롭지 않았다. 보드빌 노조와 언론이 그를 응원했기 때문이다.

그는 재능있는 연예인을 발굴하는 데 재능이 있었다. 키스에게 고객들을 빼앗기지 않기 위해 버라이어티지에 광고를 낸다. '61개의 극장에 예약할 수 있고, 36주의 공연을 기획할 수 있다.' 그는 에바 탕궤이의 재능을 간파하고 주급 35달러에 계약하여 스타로 키웠다. 1905년에는 윌 로저스를 해머스타인에 출연시킨다. 배우들과의 성실한 관계가 알려지면서 모리스는 '아티스트의 우상'이 된다. 그는 긴 우정을 유지하는 장점이 있었다. 유명한 소피 터커는 모리스와 거래를 시작한 뒤 활동기간 내내 그와 거래를 지속한다. 모리스는 예술에 대한 안목도 뛰어나서 배우들의 장단점을 예리하게 비판하기도 하였다.

그는 되도록 낮은 출연료를 지급하려는 UBO를 비판했다. 오히려 가급적 배우들에게 높은 출연료를 지급하려고 하였다.

키스는 모리스를 회유하려 한다. 그에게 UBO의 책임자로 근무하라는 제안을 한다. 모리스는 연봉 5만 달러와 51%의 예약수입을 보장하고 사무실 앞에 크게 자신의 이름이 부각되도록 표기해달라고 요구하지만, 키스-알비는 터무니없는 조건이라고 일축한다.

2. 고급 보드빌-연극 신디케이트의 도전

초기의 콘서트 설룬과의 연관성 때문에 대중들은 보드빌을 비도덕적이고 술독에 빠진, 지속한 오락이라고 여겼다. 특히 보드빌리언은 과음, 성적 일탈이 심하다고 여겼고 이런 믿음은 종교적 근본주의가 강했던 시골에서 더욱 강했다. 반면 정극배우들은 존경을 받았다. 그들은 보드빌 출연은 자신들의 명성에 손상이 간다고 생각하여 기피하는 경우가 많았다. 보드빌을 수준낮은 대중문화로 보았고, 정통연극에 비해 비정통(illegitimate)오락으로 업신여겼다. 실제로 초기의 보드빌 관객은 60% 이상이 노동자였다. 점점 중상류층을 흡수해 나가지만 노동자들의 오락임에는 변함이 없었다. 반면 정극의 노동자 관객은 2% 미만으로 중상류층 이상이 주고객이었다. 영국의 연극배우 팩트릭 캠벨(Patrick Campbell)부인은 보드빌 투어 중에 보드빌리언에게 말도 걸지 않았다. 캠벨부인은 멍청한 보드빌 산업 관계자와 거래하는 것 자체가 싫었다.

연극인들의 경멸에도 불구하고 보드빌의 인기는 상승했다. 보기 편한 오락이었다. 2시간 반 동안 공연하는 정극에 비해 15-20분씩 하루에 두 번 공연하는 보드빌이 보기에 편하고 이해하기 쉬웠다,

빅 타임 보드빌이 점점 대중의 신뢰를 얻어가면서 연극배우의 보드빌 진출도 증가했다[37]. 임프레사리오들에게 연극과 보드빌은 그저 돈벌이의 대상일 뿐이었다. 연극 신디케이트를 운영하던 클로와 에어랑어, 이에 대항하던 슈버트 형제들이 이번에는 보드빌 산업에 도전하였다.

UBO의 출발과 함께 극장주와 배우들이 모리스를 떠나고, 나중에는 아무도 그의 곁에 남아있지 않았다. 그는 UBO에 대항하여 새로운 보드빌 서킷을 구상한다. 마침 모리스는 연극 신디케이트의 클로와 에어랑어의 연락을 받았다. 새로운 보드빌 서킷을 구성하자는 제안이었다. 클로는 이는 키스에 대항하자는 게 아니라 빅 타임이 미치지 못하는 새로운 서킷을 구성하는 새로운 사업이라고 주장했다.

클로와 에어랑어는 슈버트 사와 연합하여 1907년 4월 미국 어뮤즈먼트 캄퍼니(USAC)를 설립한다. 연극 신디케이트와 슈버트 사는 강력한 라이벌이어서, 이는 불안정한 연대였다. 이들은 보드빌에 대한 경험이 없었기 때문에 모리스의 도움

*37)
반면 보드빌을 발판삼아 연극계로 진출하는 배우도 있었다. 웨버와 필즈(Weber & Fields), 릴리안 러셀, 샘 버나드(Sam Bernard), 냇 굿윈(Nat. C. Goodwin), 메이 어윈, 프란시스 윌슨(Francis Wilson)등이었다. 이들은 돈이 떨어지면 다시 보드빌로 돌아오곤 했다.

이 필요했다. 모리스는 불과 몇 달만에 수백 명의 보드빌리언과 25주간의 공연 계약을 체결했고, 중서부에 극장을 확보하기 위해 시카고에 사무실도 개설했다. 5월에 클로와 에어랑어의 필라델피아 체스넛 스트리트 오페라 하우스에서 첫 공연을 하였는데, 이는 그 동안의 어떤 보드빌보다 제작비가 많이 들어간 공연이었다. 이를 〈고급 보드빌(Advanced Vaudeville)〉이라고 불렀다. 출연료는 10,300달러로 키스가 지출하는 5천 달러에 비해 엄청나게 비싼 금액이었다. '개런티 전쟁'이었다.

이 첫 공연의 성공으로 신문은 보드빌 산업에 전쟁이 발발했다고 썼다. 키스는 UBO와 고급 보드빌 사이에는 갈등이 없다고 말했지만, 내심으로는 고급 보드빌의 등장에 긴장한다. 그래서 몇 가지 계획을 구상한다.

첫째 고급 보드빌 출연자는 자신들의 극장출연을 금지한다.
둘째 연극 신디케이트에 타격을 주는 경쟁극장을 세운다.
셋째 더 큰 연합체를 구성하기 위해 고급 보드빌 극장을 아예 매입하거나 그들과 연합한다.

한편 클로와 에어랑어, 모리스는 1907-8년도 공연 계획을 발표한다. 1907년 8월 뉴욕 시어터에서 성공적인 오프닝 공연을 하였다. 시카고에서의 공연 역시 관객들의 뜨거운 환영을 받았다. 수백 명이 표를 구하지 못해 돌아가기도 했다. WVMA에 도전할 수 있는 기반이 마련된 것 같았다. 그러나 고급 보드빌은 높은 출연료를 지급하여 출연료 전쟁을 일으켰다. 퍼시 윌리엄스는 그들은 더 이상 공연을 지속하기 어려울 것이라고 예언하였다. 고급 보드빌의 4명의 에이전트는 유럽의 스타들과 미국의 W.C 필즈나 윌 로저스와 같은 스타들도 섭외하였다.

UBO는 고급 보드빌 출연자를 블랙리스트에 올렸다. UBO로부터 출연금지를 당할 것을 염려한 배우들은 고급 보드빌 출연을 꺼리기 시작하였고, 모리스는 더 이상 일급 배우들을 섭외할 수 없었다. 보드빌 노조(화이트 래츠)의 리더였던 찰스 T. 올드리치는 고급 보드빌에 출연했다가 블랙리스트에 올라 14년간이나 출연금지당했다. 불과 수 주간의 출연으로 평생 출연을 금지당한 것이다.

게다가 고급 보드빌은 공연 가능한 극장에 대한 숫자파악을 잘못하여 큰 차질을 빚었다. 25개 극장을 사용할 수 있을 것으로 추산하였지만 실제로는 14개 도시의 16개 극장만 가능했다. 모리스는 200여 개 이상의 계약을 체결했지만 극장 부족으로 50%의 공연밖에 할 수 없었다. 그러나 이미 공연계약을 체결했기 때문에 출연료는 지급해야 했다. 그리고 높은 제작비와 저조한 입장료 수입으로 인해 많은 공연 손실이 발생하였다. 처음부터 클로-에어랑어와 보드빌 사업에 대해 강한 의지가 없었던 슈버트 사의 결합은 매우 어울리지 않는 조합이었다.

클로와 에어랑어는 마틴 벡을 만나 UBO가 그들의 보드빌 극장과 공연계약을 인수할 것을 제안한다. 벡은 이를 거부한다. 하지만 중서부에서 고급 보드빌의 진출을 두려워하던 WVMA와 회장 머독은 협상의 계속을 요구하였고, 11월에 UBO와 USAC 간에 협상이 타결된다. 내용은 비밀에 부쳐졌다. 에어랑어는 극장주들에게 전보를 보내서 고급 보드빌이 소멸하는 것이 아님을 통보했다. 몇일 후에 클로와 에어랑어, 슈버트 사는 1908년 2월부터 10년간 미국과 캐나다에서 보드빌 사업에 진입하지 않고, USAC 투자자에게는 25만 달러를 지급한다는 내용을 발표했다.

왜 클로와 에어랑어, 슈버트사는 보드빌에 도전했을까? 정극분야에서 성공하자 그들은 UBO와 WVMA를 이길 수 있고, 실패하더라도 빅타임 극장주들에게 150-700만 달러에 팔 수 있을 것으로 생각하였다. 그러나 이는 얼토당토않은 금액이었다. 그들은 연극 전문가이지 보드빌 전문가가 아니었다. 반면 UBO는 이 분야의 오랜 경험을 가진 전문가 집단이었다.

고급 보드빌과 콤바인의 전쟁은 끝났다. 보드빌 전쟁은 미국 공연사에서 매우 유명한 전쟁이었다. 탄탄한 재정능력을 가진 이해관계자 사이의 전투이자 두뇌싸움이었다. 고급 보드빌이 파산하자 키스-알비는 미래계획을 구상한다. 값싼 가격에 가장 매력적인 공연을 제공하는 것, 이것이 키스-알비가 가야할 길이었다.

모리스는 큰 불만이었다. USAC와 5년 계약을 체결했는데 불과 1년만에 사업이 종료되었기 때문이다. USAC를 계약위반으로 고소했지만 결국 포기하고 만다. 에어랑어는 모리스를 만나 사과하면서 UBO가 연봉 35,000달러에 모리스를 예약책임자로 임명하기로 했다고 말한다. 모리스는 거절한다. 그러자 5만 달러를 제안한다. 모리스는 다시 거절했고, 에어랑어는 모리스를 도둑놈이라고 욕한다. 그러자 모리스는 주머니에서 계약서를 꺼내 찢어버린다. 모리스는 그와 같은 역경을 수차례 경험한다. 아직도 자신의 이름으로 사업을 희망했다. 엔터테인먼트 사업은 시소게임이자 올라가고 내려가는 롤러코스터라고 믿었다.

3. 블랙리스트

블랙리스트는 엄청난 위력을 발휘했다. 모리스와 연극 신디케이트가 콤바인에 패한 중요한 원인 중의 하나는 블랙리스트였고, UBO가 자신의 힘을 유지하고 경쟁사를 배제할 수 있었던 것 역시 블랙리스트의 힘이었다. 블랙리스트에 오르면 보드빌리언은 생업에 큰 위협을 느꼈다. 어떤 경우는 10년 이상 출연을 금지당하기도 했다.

고급 보드빌의 문제가 종료되자 모리스는 자신의 독립적인 보드빌 서킷을 구상한다. UBO에 대항하여 모리스는 국제적인 스타의 섭외를 포함한 독특한 아이디어를 구상한다. 그는 1908년 1월 영국 뮤직 홀과 버라이어티 쇼의 스타 섭외차 영국과 유럽을 방문하여 많은 스타를 섭외하였고, 런던, 파리, 베를린에는 지사도 설치한다. 고급 보드빌의 실패에서 그를 구한 것은 스코틀란드 출신의 코미디언 겸 가수 해리 로더(Harry Lauder)였다. 14주의 공연계약에 합의하는데, 이로써 21년 이상 지속되는 로더와의 관계가 시작된다. 모리스와 해리 로더는 평생 계약서를 체결한 일이 없었다. 1908년 리버풀에서 두 사람은 오른손 엄지를 맞대고 스코틀랜드 식 맹세(Scotch oath)만 했을 뿐이었다. 증인은 아일랜드인 바텐더였다. 이 맹세는 1932년 모리스가 죽을 때까지 유지되었다.

1908년 5월에 있었던 모리스의 오프닝 갈라 쇼는 UBO에 대한 선전포고였다. '나는 하나의 극장을 가지고 싸워 나가겠다'. 모리스는 그가 빅 빌(big bill)이라고 명명한 정책을 펼쳐 나갔는데, 이는 저렴한 입장료로 22개의 고급공연을 보는 것이었다. 스타를 영입하기 위해 높은 개런티와 22주간의 연속 공연을 보장하였다. 뮤직홀 스타 마리 로이드, 베스타 빅토리아를 섭외하여 영국에서보다 높은 개런티를 약속하였다. 2-3명의 스타와 버라이어티의 결합으로 모리스 프로그램은 인기가 있었다.

1909-10시즌에는 더욱 다채로운 기획을 발표한다. 1909년 샌프란시스코를 포함하여 모든 오르페움 도시에 극장 오픈 계획을 발표한다. 그의 확장정책은 콤바인 경영자를 긴장케 하였다. 모리스에 따르면 벡과 마이어펠드가 극장설립중단을 조건으로 25만 달러를 제안하였지만 그가 서부에서 실패할 것으로 본 알비는 철회를 요구한다.

모리스의 활동에 위기를 느낀 알비는 모리스를 보드빌 업계에서 퇴출시키기 위해 모리스의 연예인들을 블랙리스트에 올린다. 그들은 '반대자 명단'을 에이전트와 극장주에게 배포하였다. 공개되면 곤란하기 때문에 코드화하거나 인덱스 시스템을 사용하였다.

1909년 7월 반대자 명단에는 800명 이상이 올라갔다. 마이어펠드도 블랙리스트를 찬성하였다. 모리스가 샌프란시스코에 극장을 열려고 할 때 마이어펠드는 모리스에게 경고하였다. '모리스는 샌프란시스코에 진입할 권리가 있다. 그러나 두 개의 극장이 성공할 수 있는 공연환경은 아니다. 우리는 적어도 2년간의 삶을 배우들에게 제공할 수 있다. 그러나 모리스는 불과 몇 달에 지나지 않을 것이다.'

블랙리스트에 오른 에드워드, 클라크와 같은 탈렌트는 일자리를 찾는 데 큰 어려움을 겪는다. UBO로부터 공연취소 통보를 받은 뒤 머독에게 간청하지만, 모리스가 보드빌 업계에 있는 한 다시는 부르지 않을 것이라는 차가운 대답을 들을 수 있을 뿐이었다. 가명을 쓰거나 공연내용을 바꾸어 블랙리스트를 우회하거나 회피하는 보드빌리언도 있었다.

블랙리스트는 알비의 아이디어였다. 많은 보드빌리언은 알비의 블랙리스트를 비난한다. 퍼시 윌리엄스 등이 이의 폐지를 건의했으나 요지부동이었다. 알비는 곧 UBO였다. 보드빌리언들은 알비의 심기를 건드려 블랙리스트에 오르기를 원치 않았다. 블랙리스트에 오르면 모든 문이 닫히고 생존의 위기에까지 이르게 되기 때문이었다.

그러나 블랙리스트도 단점이 있었다. UBO의 가용 보드빌리언이 감소하면서 일년에 몇 번씩 동일한 공연을 동일한 도시에서 할 수밖에 없었고 이는 관객감소로 이어졌다. 블랙리스트에 오른 보드빌리언은 모리스와 계약하여 생존하는 방법을 택했지만, 많은 배우들은 블랙리스트 때문에 모리스와의 계약을 기피했다. 가용가능한 배우들이 줄자 모리스도 동일한 공연을 반복할 수밖에 없었고 재정문제도 그를 괴롭혔다.

블랙리스트는 모리스를 분노케 했다. 시카고에서 열린 화이트 래츠 회의에서 연설하면서 UBO를 강하게 비난한다. 많은 노조원들은 이제는 래츠가 움직일 때가 되었다고 믿었다.

1910년에 모리스 체인의 부채는 35만 달러에 달했고, 서부의 극장오픈과 서킷구성은 실현되지 않았다 파산을 피하기 위해 그의 서킷을 1911년에 마커스 로우에게 양도한다. 로우는 모리스의 극장을 스몰 타임 보드빌과 영화체인으로 변경하였다.

모리스 서킷의 실패는 콤바인의 빅 타임 독점을 더욱 강화하는 계기가 된다. 이는 15년 동안 계속된 보드빌 전쟁의 종언을 의미했다. 모리스는 더 이상 위협이 되지 않았다. 콤바인은 모리스 극장에 출연했던 배우들의 블랙리스트를 해제하였고, 모리스도 다시 에이전트 일선으로 복귀한다. 더 이상 UBO와 적대적인 관계가 아니라 우호적 관계를 가질 수밖에 없었다.

이처럼 알비는 자신의 사업에 방해가 되는 경쟁자에 대해서는 블랙리스트로 위협했다. 다른 사업자만이 아니고 영화, 레뷔 등 다른 장르에게까지도 블랙리스트를 사용했다. 블랙리스트는 알비의 전가의 보도였다. 블랙리스트로 연예인들을 굴복시켰고 결국은 거대 노조 화이트 래츠까지도 와해시켰다. 블랙리스트는 철저하게 누군가의 삶을 파괴하는 것이다. 보드빌리언이 살아갈 방도를 없애는 것, 이것이 블랙리스트의 최대 강점(?)이다. 살생부라고도 불리는 블랙리스트는 단순히 신념이 다른 어느 개인을 기록한 장부가 아니라 그의 모든 삶의 수단을 제거하는 악질적인 방식이다. 거칠게 말하자면 밥줄을 끊어놓고 결국은 숨통을 끊어놓는 잔인한 방식이었다.

알비가 보드빌 제국을 건설한 것은 블랙리스트에 의한 것이었다. 자기 편에게는 당근을 주고 이에 반대하는 사람에게는 철저히 채찍을 휘두르고 배제함으로써 연예인들을 지배하는 전략이었다. 이를 제대로 수행하기 위해서는 극장과 돈이 있어야 했다. 블랙리스트에 오른 사람은 삶의 중요한 가치로 여겨온 자신의 신념까지도 포기해야 했다. 알비는 과장해서 말한다면 블랙리스트로 사업을 운영해 온 폭군이었다. 블랙리스트는 많은 사람들에게 깊은 상처를 주었다.

4. 슈버트 사의 재도전

슈버트 사는 호시탐탐 보드빌 시장 재진입을 노리고 있었다. 슈버트 사와 알비의 경쟁은 아직도 진행중이었다. 1918년 2월, 10년간 보드빌에 진출하지 않는다는 협약이 종료되기도 전에 슈버트 형제는 보드빌 진출을 시도하였다. 알비 몰래 가명으로 키스 서킷의 지분을 구입하였다. 출연료를 더 준다는 제안에 보드빌 배우들은 슈버트 사의 뮤지컬 코미디와 레뷔 등에 출연한다. 알비는 이를 비난하였고, 슈버트는 알비의 속좁은 태도를 비난한다.

1920년에 불황으로 슈버트 사는 몇 개의 극장을 보드빌로 대체하려 하였다. 슈버트 형제는 과거에 키스-알비가 그들을

보드빌 업계에서 추방한 일에 대해 분개하고 있었고 이를 만회하고 싶었다

1921년 슈버트 형제는 새로운 서킷을 구성하는데, 여기에 투자자들이 참여하고, 대도시 34개 극장이 회원사로 가입한다. 서킷의 목표는 빅 타임보다도 더 화려한 공연 제작이었다. 공연은 과거 고급 보드빌과 같은 화려한 쇼로 슈버트의 전문분야인 뮤지컬 코미디와 보드빌을 결합한 것이었다. 보드빌에 더 가까웠고 이로 인해 알비의 적이 된다.

공연은 1921년 가을 동부와 중서부의 12개 극장에서 시작된다. 윌 로저스(Will Rogers), 에디 캔터(Eddie Cantor), 프레드 아스테어, 패니 브라이스 등 빅 스타들이 출연하였다. 알비는 슈버트 사가 자신의 배우들을 빼가자 격노한다. 알비는 슈버트의 진출을 방해하기 위해 자신도 곧 정극분야에 진출하거나 거액의 보상금을 주어 고급 보드빌을 중단시키겠다는 소문을 냈다. 슈버트 리는 아무리 큰 돈을 주어도 중단은 없다고 하였다. 그러자 알비는 슈버트 출연 연예인들을 다시 블랙리스트에 올렸다.

그런데 슈버트의 공연에 내부문제가 터진다. 16개 극장의 흥행이 저조했다. 출연료는 높고 입장수입이 저조하자 위기를 맞는다. 보드빌 제작에 경험이 적은 벌레스크 기획자들의 참여로 간접비도 상승하였다. 개런티를 받지 못했다는 소문이 돌고, 배우들은 버라이어티 지에 불만을 쏟아내는 광고를

게재한다. 슈버트 사는 버라이어티 지의 편집장 실버만에게 이 광고를 중단해 달라고 요구하지만 거절당한다. 그러자 슈버트 사는 버라이어티의 구독과 광고중단을 위협한다. 결국 1923년 적자가 3백만 달러에 달하자 8월에 이 사업을 포기한다.

고급 보드빌이 실패하자 슈버트 사에 출연했던 연예인들은 키스-알비 서킷으로 돌아가지 못했고, 돌아간 연예인은 출연료를 대폭 삭감당했다. 이들은 버라이어티에 자신들의 부담으로 광고를 게재해야 했다. '우리들의 잘못된 판단으로 큰 죄를 범했다.'

3장

동부와 서부의 싸움

1. 마틴 벡의 야심

마틴 벡은 동부에 극장을 짓지 않는다는 협약에도 불구하고 타임스 스퀘어 부근에 극장확보를 추진한다. 벡의 계획은 두 거대 보드빌 체인 사이에 전면전을 야기할 가능성이 있었다. 키스-알비와 오르페움 체인 사이에는 늘 협력과 긴장이 지속되어 왔다. 예약과 출연료 갈등은 극장 문제에 비하면 사소한 것이었다.

모리스가 그의 서킷을 로우에게 양도하기 전에 마이어펠드와 벡은 모리스를 만났다. 그의 체인을 사서 동부에 거점을 구축하는 것이 목적이었다. 특히 타임스 스퀘어에 있던 아메리칸 뮤직 홀이 그 중심이었다. 이를 알고 알비는 마이어펠드와 벡을 만나 경고했다. 만약 그 일을 추진한다면 이는 둘 사이의 휴전협약 위반이기 때문에 오르페움의 도시에 경쟁극장을 건설하여 복수하겠다는 것이었다. 결국 모리스 극장의 과도한 부채문제로 인해 벡은 인수를 포기한다.

한편 키스-알비는 중서부로의 확장을 시도한다. 오르페움 영역인 신시내티, 루이스빌, 인디아나폴리스의 극장지분을 인수하여 UBO의 루트에 편입시키려 한 것이다. 마이어펠드와 벡도 그 극장지분을 가지고 있었다. 그들은 표면적으로 키스의 지분인수를 환영했지만 내심으로는 분노했다.

이렇게 되자 키스-알비 서킷과 오르페움은 사업구역에 대한 재설정이 필요해졌다. 이들 사이의 구역다툼은 입찰전쟁, 출연료 상승, 보드빌 산업의 혼란으로 이어졌다. 벡의 계속적인 영토확장전략은 큰 전쟁을 예고하고 있었다. 1910년말 벡은 해머스타인의 맨하탄 오페라 하우스 인수를 시도한다. 그러나 UBO와의 불화를 걱정한 해머스타인은 슈버트에 임대한다.

그 다음 해에 해머스타인의 빅토리아 극장을 65만 달러에 인수를 시도하는데, 이번에도 UBO의 압박으로 거래가 중단된다. UBO는 벡의 제안을 듣고 1년간 10만 달러에 독점임차를 제안한다. 그러나 알비는 약속을 지키지 않았고 벡은 윌리 해머스타인에게 더 좋은 조건을 제시하지만 윌리는 거절한다.

벡은 마침내 타임스 스퀘어 인근에 좋은 부지를 구입하여 11층 건물을 건축하고 극장도 오픈하여 유럽식의 세련된 공연을 하려는 계획을 세운다. 그는 런던 뮤직홀의 이름을 따서 팰리스 극장이라고 이름을 지었다. 그는 자신이야말로 보드빌의 품격을 높일 수 있는 중심인물이라고 생각했다.

2. 윌리엄스 극장전쟁

사태를 더욱 악화시킨 건 뉴욕의 피시 윌리엄스의 8개 극장을 벡이 인수하려 한 사건이었다. 윌리엄스는 부유한 임프레사리오로, 극장을 높은 값에 팔고 은퇴할 결심이었다. 이 소식을 듣고 벡이 그를 만났지만 윌리엄스는 벡이 수용할 수 없는 조건을 제시한다.

협상을 위해 마이어펠드가 플로리다로 가서 윌리엄스를 만났다. 5백만 달러를 제시했지만 윌리엄스는 그렇게 되면 전쟁이 벌어질 것이라고 거절한다.

키스-알비도 오르페움의 동부진출을 저지하고자 윌리엄스 극장인수를 추진한다. 프록터와의 동맹이 깨져 뉴욕에 극장이 필요하기도 했다. 키스와 프록터 관계는 초기부터 삐걱거렸다. VMA의 부회장이었지만 프록터는 보조적인 역할만 했고 그들 사이의 합병이 이익을 내지 못했기 때문이다. 프록터는 그가 임차한 5번가 극장을 키스가 몰래 인수한 사실을 알고 격노한다. 그런데 키스는 프록터에게 이 극장의 재임대를 거절한다. 프록터는 법원에 중재를 요청하여 임차에 성공한다.

이러한 상황에서 유니온 스퀘어 극장만을 가지고 있던 키스-알비 서킷은 윌리엄스 극장이 꼭 필요했다. 1910년부터 그들은 비밀리에 만나 왔다. 윌리엄스 극장이 키스 알비 서킷에 넘어갈 것을 알게 된 마이어펠드는 투자형식으로 참여한다. 이로써 키스-알비 서킷과 오르페움 서킷간에는 상대구역에 진출할 수 있는 새로운 구역조정 필요성이 발생한다.

3. 알비, 팰리스를 빼앗다

• 팰리스를 낚아챈 알비

알비는 마틴 벡의 야심을 그대로 두고 볼 수 없었다. 마틴 벡과의 휴전협약을 근거로 알비는 오르페움 간부들을 코너로 몰아넣었다. 키스의 건강이 악화되면서 모든 일을 맡게 된 알비는 팰리스 극장 빼앗기에 나섰다. 마이어펠드에게 팰리스 극장신축은 협약 위반임을 지적하고 계속한다면 법적 조치를 취하고 출연자들은 블랙리스트에 올리겠다고 경고했다. 벡은 타임스 스퀘어에서 극장보다 UBO의 존재가 더 중요하다는 사실을 알고 있었기 때문에 지분을 양도하기로 한다. UBO의 도움이 없으면 보드빌리언을 구할 수가 없었던 것이다. 결국 키스 서킷은 51%의 지분을 인수했고 25%는 벡이, 나머지는 오르페움의 다른 간부들이 인수했다.

벡은 팰리스 극장을 뺏긴 뒤 분노했지만 다른 방도가 없었다. 벡은 예약과 극장운영을 자신이 담당하기로 한다. 알비는 벡을 굴복시킨 뒤 의기양양해졌다.

알비에게 남은 건 해머스타인 뿐이었다. 팰리스 극장이 그의 구역내에 있기 때문이었다. 그를 달래기 위해 65만 달러에 빅토리아 극장인수를 제안한다. 그러나 거절당한다. 마침내 해머스타인은 극장은 지키되 225,000달러에 프랜차이즈 영업권을 양도하고 새로운 극장신축에 필요한 자금을 펀딩하는 조건에 동의한다. 이로써 키스-알비는 동부와 뉴욕의 공연시장을 평정하게 된다

• 팰리스 극장 개관

팰리스 극장은 신축비 백만 달러가 소요되었고, 1913년 3월 14일 개관한다. 좌석은 1,727석이었고 유럽산 대리석으로 장식한 화려한 실내와 두 개의 샹들리에. 탁월한 조명과 음향시설을 갖추고 있었다. 여기에 32개의 분장실과 큰 라운지, 독서실도 구비하였다.

벡은 고급 보드빌을 지향했다. 오프닝 갈라쇼부터 연극, 무용, 오페라 등 순수예술의 스타를 초청하였다. 그러나 관객은 저조했고 티켓가격도 비쌌다. 박스석 2달러, 오케스트라 석 1.5달러였다. 높은 입장료와 평범한 무대, 공연내용에 대한 부정적 평가 등으로 고전했다. 여기에 당시 가장 인기있었던

해머스타인의 빅토리아 극장의 존재가 가장 큰 걸림돌이었다. 윌리 해머스타인은 팰리스 극장이 6개월을 버티기 힘들 것으로 예상했다. 그런데 벡을 구한 건 에델 배리모어와 사라 베르나르라는 스타였다는 건 앞서 설명한 바 있다.

팰리스는 보드빌의 성지가 되었다. 보드빌의 신전(valhalla of vaudeville)으로 불리었다. 모든 보드빌리언의 소망은 팰리스에서 공연해보는 것이었다. 정상 개런티의 4분의 1(25%), 때로는 3분의 1(33%)를 삭감하더라도 팰리스에 출연하려 하였고, 스몰 타임 보드빌리언은 노 개런티로 공연하는 것도 영광으로 알았다. 모든 공연관계자들이 팰리스로 모여들었다. 매주 첫 공연인 월요일 마티네에는 배우 스카우터, 예약에이전트, 브로드웨이 프로듀서들이 찾았고, 극장의 외부에는 비치(beach)라고 불리운 일자리 없는 배우들이 일자리를 찾아 배회했다. 목요일의 트라이아웃에는 전문배우는 물론이고 아마추어까지 모여 자신들의 예능을 보여주었다.

• 빅토리아 극장의 소멸

팰리스의 성공은 빅토리아의 쇠퇴로 이어진다. 윌리 해머스타인은 관객확보를 위해 백방으로 노력했지만 실패하고, 신장병으로 42살의 젊은 나이에 사망한다. 그는 빅토리아를 있게 한 쇼 비즈니스의 천재였다. 아버지 오스카는 패닉 상태가 되었다. 동생 아더가 이어받았지만 그 역시 실패하고 만다. 해머스타인은 1915년에 뮤튜얼 영화사에 매각되어 영화 상영관으로 바뀐다. 오스카 해머스타인은 왼쪽 다리에 심각한 병을 얻어 절름발이가 되어 은퇴한 뒤, 1919년 8월 손자 오스카 해머스타인의 2세의 성공을 보지 못하고 사망한다.

올림피아와 빅토리아의 극장주로서 큰 족적을 남긴 해머스타인의 사망은 한 시대의 종언을 의미한다. 알비는 맨손으로 팰리스를 지배하고 벡의 야심을 좌절시켰다. 버라이어티 지는 UBO가 앞으로 보드빌을 지배할 것으로 전망하였다.

4. 시애틀 보드빌 전쟁

콘시딘(John concidine, 1868-1943)은 시카고에서 태어나 캔사스에서 카톨릭계 대학을 다닌 배우였다. 1889년 시애틀에 정착한 뒤 1891년에 피플스 극장을 인수하여 음주와 도박이 가능한 공간으로 운영한다. 그러나 본인은 음주.도박을 하지 않았다. 그런데 시애틀시에서 극장에서 술판매를 금지하는 반악법(anti-vice)을 도입하자 1897년 스포캔(Spokane)으로 이사하여 극장을 운영한다. 거기서도 박스 하우스[38)]를 금지하자 1898년에 다시 시애틀로 돌아와 피플스 극장을 운영했다. 여기서는 주로 벨리 댄스 등을 공연했다.

*38)
콘서트 설룬은 가끔 사적인 이유로 티켓 판매하는 박스를 닫을 때가 있었다. 그래서 박스 하우스라고도 불리었다.

콘시딘은 시애틀에 버라이어티를 처음 도입한 인물로 시애틀의 유명인사가 되었다. 엔터 사업만이 아니라 도박산업에서도 두각을 나타낸다. 그런데 콘시딘과 같이 순회공연을 다녔던 윌리엄 메레디스가 콘시딘과 결별한 후 경찰이 되어 시애틀에 정착한다. 둘의 사이가 점점 나빠지는 가운데, 메레디스는 반악운동에 참여하는데, 이는 사실상 콘시딘을 겨냥한 것이었다. 신문은 메레디스의 불공정을 비난했고, 둘 사이에는 싸움이 생긴다. 메레디스는 콘시딘이 불법적으로 박스 하우스를 운영하면서 17살의 소녀를 겁탈하였다고 고소했다. 그러나 이는 모략이었다. 시에서는 메레디스를 해고하였고 둘은 1901년 총격전을 벌이다가 메레디스가 콘시딘의 총에 맞아 죽는다.

콘시딘은 뉴욕에 가서 임프레사리오 설리반(Sullivan)과 손잡고 새로운 서킷을 구성한다. 시애틀 등 북서부 지역과 캐나다의 뱅쿠버까지를 아우르는 지역이었다. 이들 체인은 1902년까지 잘 운영되었다. 그런데 경쟁자가 등장한다. 알렉산더 팬테이지스(Alexander Pantages). 그는 일자무식의 그리스 이민자 출신 임프레사리오였다. 처음에는 파나마 운하 건설 노동자로 일하다가 말라리아가 발생하자 샌프란시스코로 와서 식당에서 일한다. 이어서 골드러쉬를 기대하고 알래스카로 가서 극장에서 서빙을 하다가 불황이 닥치자 1900년 캐나다의 도슨시(Dawson city)로 이사한다. 거기서 클론다이크 케이트(Klondike Kate)로 알려진 보드빌 스타 클론다이크 락웰(Klondike Rockwell)을 만나고 둘은 보드빌 사업을 시작한다. 팬테이지스는 보드빌 사업에서 매일 3천 달러를 벌었다고 한다. 그는 이 돈으로 1902년 뉴욕으로 가서 투자를 했지만 실패하고 1903년 시애틀로 돌아와 크리스털 극장을 오픈한다. 1904년에 팬테이지스 극장을 건축하였고, 이후 콘시딘 체인과 전쟁이 시작된다. 이들은 상대의 연예인을 빼앗아오고, 중상모략과 비방을 일삼는다. 이 전쟁은 10여년 이상 계속된다. 팬테이지스는 많은 극장을 짓기 시작했고 이에 질세라 설리반과 콘시딘도 극장을 짓는다. 그러나 빚을 얻어 극장을 지은 설리반과 콘시딘은 1913년에 파산하고 만다. 그러자 팬테이지스는 이들 극장을 전부 사서 시애틀의 최강자로 부상한다.

• **알렉산더 팬테이지스**

알렉산더 팬테이지스는 서부의 중요한 보드빌 사업자였다. 1920년 팬테이지스 서킷은 30개의 극장을 소유하고 있었고 16개 주에서 60여 개의 극장을 관리하고 있었으며, 30주의 예약이 가능했다. 키스에게도 위협적인 전국적인 서킷이었다. 이민자 출신에 어눌한 영어로 시애틀 공연계로부터 따돌림을 당했지만 뚝심있게 사업을 성공시킨다. 다른 극장과 달리 노동자들을 위해 일요일 공연을 실시하였고 배우선택에도 신중을 기했으며, 영화도 상영한다. 이어 인근 지역으로 극장을 확장하였고, 로스앤젤레스로 이주해서 영화에 진출한다.

1929년에 아내 로이스(Lois)가 음주운전으로 사망사고를 일으켰고, 팬테이지스는 17세 소녀 유니스 핑글(Eunice Pingle) 강간사건으로 기소된다. 팬테이지스는 결백을 주장했지만 구속수감된다. 신문은 팬테이지스를 공격하는 많은 기사를 실었다. 이들 사건 이후 팬테이지스의 평판은 급격히 나빠졌다. 건강은 악화되고 재정적으로 더욱 어려워진다. 이 때 영화사 RKO의 합병제안을 받고 거절했지만 결국 극장을 매도한다. 유니스는 임종시에 RKO의 조셉 케네디가 팬테이지스 인수를 위해 자신에게 돈을 주고 사건을 조작했다고 고백했다는 이야기도 있지만 진실은 아무도 모른다.

그는 클론다이크 케이트에게 혼인빙자 간음죄로 고소를 당했다. 1900년부터 도슨시에서 클론다이크 락웰과 사랑에 빠져 있었지만, 케이트 몰래 시애틀에서 만난 피아니스트 로이스 멘덴홀(Lois Mendenhall)과의 결혼을 발표한다. 이로 인해 락웰로부터 고소를 당했고 당시로서는 어머어마한 금액인 25,000달러를 지급한다. 그는 한 때 5백만 달러(오늘날의 환율로 1,000억원 이상)의 자산가였지만 1936년 죽을 때는 빈털터리였다.

4장 화이트 래츠와 경영자간의 전쟁

1. 화이트 래츠

뮤직 홀 노조의 이름은 워터 래츠(water rats)였고, 보드빌 노조 이름은 화이트 래츠(white rats)였다. 워터 래츠는 뮤직 홀 노조를 설립한 조 엘빈(Joe Elvin)과 잭 로토라는 두 코미디언의 경주마에서 비롯된 말이다. 어느 비 오는 날 조 엘빈이 자신들의 경주마를 마굿간으로 데리고 가던 중, 지나가던 마차 운전수가 저 동물이 뭐냐고 물었다. 말이라고 대답하자 운전수는 말이 아니고 물에 젖은 쥐(water rats)같다고 하였다. 이렇게 해서 뮤직 홀 노조의 이름은 워터 래츠가 되었다. 그런데 래츠를 뒤집으면 스타(star)가 된다.

화이트 래츠는 워터 래츠를 본뜬 것인데, 화이트는 창립자의 머리가 희다고 해서 붙여진 이름이지만 백인만을 가입대상으로 제한한다는 인종주의적 시각이 잠재되어 있었다. 래츠가 결성된 건 1900년으로, 직전에 결성된 보드빌 경영자 협회(VMA)에 대응하기 위해서였다. 보드빌리언들은 다른 직종에 비해 많은 개런티를 받기는 했지만 많은 불평등한 근로 조건에 시달리고 있었다.

스타들은 높은 개런티를 받았지만 대부분의 배우들은 길위에서 온갖 고초를 겪어야 했다. 순회공연에서 가장 어려운 점은 숙식문제였다. 원 나이트 스탠드는 매일 매일 이동해야 했기 때문에 점프가 짧아야 했다. 막스 그루초(Marx Groucho)는 순회공연의 애환을 이렇게 말한다. '공연이 끝나면 극장에서 흥행수입의 분배를 논의한다. 흥행이 괜찮으면 시끄럽긴 하지만 인근의 여관에서 자고, 저조하면 야간열차에서 자거나 열차를 탈 형편도 안 되면 걸었다. 지역의 극장장이 만약 도망이라도 가면 방법이 없었다.

출연료와 수수료 문제 외에도 보드빌리언은 교통, 의상, 세트, 장비, 홍보, 숙박 등에서 많은 문제를 안고 있었다. 그 중에서도 기차요금이 가장 큰 문제였다. 대부분 교통비는 보드빌리언이 부담했다. 오르페움은 초기에는 서킷에서 지불했지만 1914년부터 자부담으로 바꾸었다.

공연루트를 잘못 짜면 요금을 절약하는 것이 아니라 오히려 더 많은 요금을 내는 경우도 있었다. 중간에 지역을 건너뛰는 스케줄(롱 점프)로 인해 공연에 늦는 경우도 있었고, 어떤 경우에는 루트를 반대방향으로 짜는 경우도 있었다(백 점프). 이렇게 되면 일주일간의 공연 전부가 불가능해졌다. 이런 문제를 해결하기 위해 키스와 오르페움에서는 각종 정보를 담은 안내서를 발간했다.

순회공연은 매우 고달팠다. 기차여행은 길고 피곤했다. 긴긴 겨울밤에는 악천후로 서행하거나 폭설로 운행이 중단되기도 했다. 공연이 끝나자마자 짐을 싸서 다음 행선지로 출발해야 하기 때문에 급하게 서들러야 했다. 숙소는 춥고 음산했으며 1주일에 7달러짜리 숙소는 철제침대에 허름한 매트리스가 전부였다. 겨울에 분장실은 매우 추웠다. 어떤 보드빌리언은 결핵에 감염되기도 했다.

래츠의 결성을 주도한 건 조지 풀러 골든(George Fuller Golden)이었다.그는 어릴 때부터 예능에 관심이 있었는데, 20대에 영국으로 건너가 워터 래츠의 활동을 경험하고 돌아왔다. 그 때까지 배우노조는 주로 연극배우들이 중심이 되어 활동했다. 보드빌은 연극에 비해 비윤리적인 공연이라는 사회적 비판이 있었고, 보드빌리언은 연극인들에 비해 단결심도 부족했다. 골든은 보드빌리언의 이미지를 개선하고 직업적 긍지를 높여야 한다고 생각했다. 골든은 회원을 확보하기 위해 소풍, 만찬, 홍보지 발행, 기금적립 등 다양한 활동을 펼쳤다.

2. 1차 파업

• 노조의 승리

보드빌 경영자 협회(VMA)는 뉴욕과 시카고에 예약 사무소를 설치하고 모든 회원들은 이를 통해 공연예약을 하도록 하였다. 그리고 개런티의 5%를 수수료로 낼 것을 강요했다. 래츠는 이를 격렬히 반대했다. 래츠는 노조의 계약서를 제시하였지만 VMA는 거부한다. VMA는 래츠의 성장을 두려운 눈으로 바라보면서 블랙리스트를 꺼내든다. 실제로 노조원인 스토운과 몽고메리라는 회원을 해고한다. 그들은 VMA 트러스트의 어떤 극장에서도 공연할 수 없었다.

VMA에 저항하기 위해 래츠는 1901년 1월 보스턴, 필라델피아, 뉴욕의 키스-알비의 극장에서 파업을 벌였다. 보드빌리언은 좋은 대접을 받아왔다고 믿어 온 알비는 격노했다. 빅타임 임프레사리오들은 반노조 감정이 강했다.

2월이 되자 알비는 VMA와 래츠간의 협상을 주선한다. 극장주들은 회원들이 동의하면 수수료를 폐지할 수 있다고 답변했고, 알비는 3월 미팅 때까지 수수료를 부과하지 않겠다고 약속한다. 래츠도 파업을 잠정보류한다. 그러나 VMA는 약속을 지킬 의사가 없었다.

협상이 답보상태에 이르자 래츠는 회원들에게 2월 22일 키스-프록터 극장과 동부 해안의 주요극장 출연을 금지한다.

이 날은 워싱턴의 생일로, 큰 공휴일이었고 관객이 많은 날이었다. 분노한 래츠는 뉴욕의 10개 극장을 포함하여 23개 극장에서 파업을 벌인다.

키스와 알비는 래츠를 비난한다. '이는 노동쟁의나, 임금투쟁이 아니다. 대중적 지지를 받을 수 없고 경영자들은 절대로 양보할 수 없다'고 하였다. 절반 이상의 보드빌리언들이 보스턴 극장에 나타나지 않자, 키스는 파업배우들에게 극장에 들러 짐을 빼라고 하였다. 보드빌리언들이 계약을 위반했기 때문에 주급을 지급하지 않겠다고 위협하고, 즉시 비노조 연예인을 섭외한다. 그러자 많은 배우들이 일자리를 얻으러 VMA 사무실을 방문한다. 키스는 연예인은 많다고 하였다.

파업을 정당화하기 위해 래츠는 파업의 목적은 5% 수수료 폐지임을 천명한다. 그러나 키스는 수수료 폐지를 밝혔음에도 파업을 계속하고 있어서 파업을 인정할 수 없다고 하였다. 파업이 길어지자 키스는 갑자기 골든과의 미팅을 요청한다. 수수료 폐지를 회원사와 협의해보겠다고 하였고, 3월 시카고에서 래츠와 서부지역 경영자 사이에 수수료 폐지와 파업 보듭빌리언에 대한 차별대우 금지를 합의한다. 노조는 승리를 선언한다.

• 노조의 패배

1차 파업의 승리의 요인은 그 때까지만 해도 키스-알비의 힘이 미약했고, 독립 극장장들과 모리스 에이전시의 지원이 큰 힘이 되었다. 그러나 래츠의 승리는 단기적이었다. 몇몇 매니저를 제외한 VMA 매니저들은 수수료 폐지의사가 없었다. 골든은 순진하게도 키스의 말을 믿은 것이었다. 래츠 회원들은 강한 배신감을 느끼고, 많은 회원들이 탈퇴한다. 모임이 약화되고 회비갹출도 어려워지고 다른 재정적 문제까지 겹친다. 이는 다른 심각한 문제를 노정했다. 노조화의 진전이 어려워졌고, 극소수 회원만이 유사 노조형식의 모임을 유지한다. 1901년 9월 래츠 회원은 600명으로 감소했고, 2년 뒤에는 75명으로 급감한다. VMA는 블랙리스트를 지속적으로 꺼내든다. 투쟁력을 상실한 래츠가 다시 과거의 힘을 회복하기까지에는 7년이 걸렸다.

이로써 키스-알비와 오르페움은 승리한다. 그러나 느슨한 조직은 내부에 불화의 씨앗을 잉태하고 있었다. 1904년 말 VMA의 동부와 서부의 예약서킷은 보드빌리언 교섭을 둘러싸고 분열한다. 서부에는 이미 1897년에 결성된 서부 보드빌 극장 서킷(WCVT)이 있었는데, 오르페움과 중서부 극장주들이 중심이 되어 1903년에 더 강력한 연합체인 서부 보드빌 경영자 협회(WVMA)를 구성한다.

1906년 4월 WVMA는 신시내티에서 시카고까지 60개의 극장을 예약 서킷에 포섭하고 마이어펠드가 회장, 벡이 부사장에 오른다.

키스-알비는 1904년 〈키스와 보드빌 예약 서킷〉을 구성하여 체인의 예약 시스템을 통합하기 시작한다. 키스-알비는 라이벌 극장들을 이 서킷에 참여토록 강제하였고, 그렇지 않으면 그들 극장 근처에 다른 극장을 오픈하겠다고 협박한다.

한편 노조지도자 골든은 1903년 결핵에 감염되어 물러나고 에즈라 켄달이 이어받았지만 조직 활성화에 실패한다. 1905년 회원은 불과 63명에 지나지 않았다. 켄달도 건강상의 이유로 사임하고 이번에는 머지(R.C. Mudge)가 이어받는다. 그의 노력 덕분에 1907년 회원이 천명으로 증가한다. 머지는 UBO와 화해하여 수수료, 해고 문제들을 해결하려고 하였다. 키스-알비, 윌리엄스와 회동하여 아래 조항에 합의한다.

- 더 이상의 출연료 삭감은 없다.
- 블랙리스트는 없애고 과거의 명단도 없앤다.
- 아티스트와 임프레사리오간의 갈등을 해소하고 협의를 통해 해결한다.
- 공연루트 변경시에는 매니저가 비용을 부담한다.

그러나 UBO는 합의를 지킬 의사가 없었다. 협약은 무용지물이 되었고, 오히려 머지는 알비와의 친숙함을 의심받고 있었다. 래츠는 머지에 대한 신뢰를 상실하였고, 1908년 2월 사퇴를 압박한다. 래츠를 강화하기 위해 이사회는 해리 마운트포드(Mountford)를 임명한다. 그는 1871년 아일랜드 더블린 출생의 전직 신문기자. 작가, 평론가였다. 1907년 영국의 뮤직 홀 스트라이크 당시에도 중요한 역할을 담당한 바 있었다. 고집이 셌지만 노조활동에는 매우 헌신적이었다. 그는 래츠를 좀 더 전투적인 조직으로 바꾸고자 하였다. 두려움을 몰랐고 열성적이고 날카롭고 교육을 받은 엘리트였다. 골든처럼 대중연설에 탁월했다.

• **화이트 래츠 배우 노조**

1908년 7월 마운트포드의 노력으로 회원이 2,500명으로 증가했다. 전국에서 회원을 모집하기 위해 시카고, 보스턴, 필라델피아, 샌프란시스코에 사무실을 설치했다. 그는 특히 취소조항(해고조항)에 주목하였다. 이는 만족스러운 연기를 하지 못하면 언제든지 해고한다는 악법이었다.

2년 동안 래츠를 이끌어가면서 마운트포드는 전국 노동자연맹(AFL)의 신뢰를 얻으려 노력했다. AFL 회원이 되면 래츠는 보드빌 경영자와 대등한 협상이 가능했기 때문이다. 그러나 AFL은 특정 분야에서 오직 하나의 조직만을 인정하고 있었다. 정극배우로 구성된 국제배우노조(Actor's International Union-AIU)가 이미 AFL의 승인을 받았기 때문에 보드빌 노조는 AFL 승인을 받을 수 없었다. 두 단체(래츠와 AIU)의 공동투쟁 협상이 실패하자 AFL 회장 샘 곰퍼스는 두 단체를 미국

화이트 래츠 배우노조(WRAU, white rats actor's union)라는 통합조직을 만들도록 권유했다.

AFL의 협력은 보드빌 노조의 힘을 강화했다. 보드빌 노조가 AIU보다 회원이 더 많았기 때문에 보드빌 노조는 WRAU를 장악하고 마운트포드를 회장에 추대했다. WRAU는 보드빌, 서커스, 벌레스크, 뮤지컬 코미디, 연극 분야에서 11,000명의 회원을 거느리는 거대조직이 되었다. 1912년 12월 6층짜리 클럽하우스도 오픈했다.

래츠와 AFL의 협력은 보드빌 경영자들을 긴장시킨다. 몇 년동안 그들은 자신들의 이익을 지키고 배우 노조화를 저지하기 위해 노력했다. 1910년 12월 WRAU가 창설된 직후 주요 빅 타임 경영자들은 보드빌 경영자 보호협회(VMPA)를 창설한다. 알비, 키스, 벡, 프록터, 윌리엄스, 머독 등이 참여했고 알비가 회장에 취임한다. 목표는 WRAU의 활동을 저지하고 경영자들의 이익을 지키는 것이었다. VMPA는 키스-알비와 오르페움 서킷이 주도한 것이었다.

3. 클로즈드 샵

• 클로즈드 샵 논란

노조의 조직방식에는 오픈 샵, 클로즈드

샵, 유니온 샵등이 있는데, 클로즈드 샵(Closed shop)은 노조원만 일자리를 얻는 형태로, 비노조원은 노조에서 제공하는 혜택을 누릴 수 없게 된다. 따라서 모든 직원들은 노조에 가입해야 한다.

WRAU가 구성되자 마운트포드는 클로즈드 샵을 주장한다. 이는 보드빌 경영자는 오직 WRAU 회원만을 고용해야 한다는 것이었다. 1911년 그는 90일 이내에 이 정책을 채택할 것이고, 그 이후부터는 모든 배우가 공연을 거부할 것이라고 했다. VMPA는 마운트포드의 최후통첩에 분노하여, 만약 노조원들이 비노조원과의 공연을 거부한다면 그들과의 계약은 파기될 것이고, 파업에 참여하는 노조원들은 블랙리스트에 올릴 것이라고 협박한다.

VMPA는 WRAU와의 회동을 거부한다. 만나면 WRAU의 존재를 인정하는 결과가 되고 클로즈드 샵을 공론화할 것이라는 우려 때문이었다. VMPA와 WRAU 지도자간에는 지독한 말의 전쟁이 벌어졌다. 노조 기관지 더 플레이어와 친 VMPA 신문인 모닝 텔리그래프는 상대에 대한 비난을 쏟아냈다.

클로즈드 샵에 반대하던 보수적인 회원들은 마운트포드의 호전성에 당혹한다. 마운트포드가 WRAU 지도자들과 협의하지 않고 독단적으로 일을 처리한다는 의심을 샀다. 마운트포드는 사회적 협력을 선호했던 골든과 같은 간부들의 반대에 직면한다. 처음에는 마운트포드를 지지하던 골든도 그가 클로즈드 샵과 파업을 부추겨 래츠를 혼란속에 빠뜨리고 있다고 비판한다.

버라이어티지의 편집장 실버만은 마운트포드가 선동가가 되었고, 래츠를 독재적인 방식으로 운영하고 있다고 비난한다. 실버만은 마운트포드의 전투적 성격을 싫어하여 자주 충돌했다. 보드빌리언의 권리에 대한 신념은 같았지만 업무추진방식에서는 큰 차이가 있었던 것이다. 실버만에게는 빅 타임 극장의 광고가 중단되면 잡지 운영에 차질이 빚어질 것이라는 우려도 있었다.

WRAU 간부들은 마운트포드를 불신한다. 그가 영국에서 국제회의에 참석하고 있을 때, 이사회는 그를 더 플레이어 지의 편집장 직에서 직위를 해제한다.

마운트포드는 1911년 가을 사임했다. 클로즈드 샵을 둘러싼 WRAU 내부의 충돌은 보드빌 산업의 조합주의에 대한 문제를 드러내는 것이었다.

• 좌초된 클로즈드 샵

대부분의 회원들은 클로즈드 샵에 반대했다. 특히 먹고 살만한 스타들이 더 그런 경향이 있었다. 많은 회원들은 그들을 임금노동자가 아니라 아티스트로 보고 있었다. 극장 경영자에 대한 불만에도 불구하고 주급 5-15달러에 하루 12-16시간씩 일하는 여성노동자들처럼 착취당하고 있다고 생각하지는 않았다.

마운트포드가 사임하고 나서 얼마 지나지 않아 골든은 1912년 2월 결핵으로 사망한다. 래츠의 창설자, 골든은 전설이 되었다. 버라이어티지는 그를 보드빌에서 가장 사랑받은 배우라고 칭송하였다. 마운트포드의 돌연한 사임과 클로즈드샵의 좌초는 노조의 약화를 초래하고 말았다. 그러나 마운트포드는 래츠의 회원수를 늘렸고 예약 에이전시 관련 법률을 제정하였고, AFL의 협력을 이끌어냈다. 강력한 지도자가 사라지자 노조원들의 권리투쟁은 약화된다.그렇다고 완전히 사라진 것은 아니었다.

마운트포드 사임후 WRAU의 회원수는 급감한다. 1914년에 회원은 300여 명에 불과했고, 클럽하우스 건축과 운영으로 발생한 대출채무가 20만 달러에 달했다. 회원들은 강력한 알비에 대항할 인물은 마운트포드 밖에 없다고 생각하고 1915년에 이사회를 열어 마운트포드를 다시 WRAU 사무총장에 임명한다.

그는 회원확보를 위해 연회비를 10달러에서 5달러로 인하하였다. 1916년에 회원수는 3천 명으로 증가한다. 이 때 회원이 급증한 것은 마운트포드의 노력도 있었지만 1914-5년도에 출연료를 인하하는 조치들 때문이기도 했다. 그는 주당 6일 공연, 하루 3번 이내 공연. 평등한 계약, 중재위원회 인정, 클로즈드 샵 등을 투쟁목표로 내걸었다. 클로즈드 샵은 콤바인에 대한 가장 효과적인 투쟁수단이었다.

• 전국 보드빌 예술가협회

마운트포드의 호전성에 놀란 알비는 WRAU에 대응할 수 있는, 경영자에 우호적인 배우조직을 구성하기로 한다. 알비는 늘 이런 물타기 전략을 구사했다. 이것이 1916년 5월 결성된 〈전국 보드빌 예술가협회(National Vaudeville Artistes, NVA)〉다. NVA는 보드빌리언들의 복지를 주요 추진과제로 설정하고, 10달러의 회비로 1,000달러의 사망보험금을 받을 수 있도록 설계했다. 또한 1년에 10달러로 수백 명이 묵을 수 있는 숙소를 마련하였고, 경영자와 배우간의 갈등해소를 위해 고충처리위원회도 구성했다. 이를 '보드빌 대법원'이라고 불렀다. 그러나 보드빌리언들은 이 조직을 알비가 임명한 사람들에 의해 운영되는 어용조직이라고 보았다.

NVA는 기금모금을 위해 NVA의 날을 정해 공연을 하였고 마티네 수입은 기금으로 적립했다. 알비는 서킷 회원사들에게 NVA 회원들의 공연기회 제공을 부탁했다. 이런 여러 혜택으로 가입자가 급증하여 1917년에 회원이 7천여 명에 달했다.

NVA를 홍보하기 위해 1920년 4월 〈보드빌 뉴스〉도 창간한다. NVA의 복지혜택에 대한 많은 기사가 실렸다. 알비의 가부장주의적 태도는 근로조건을 개선하면 불만이 줄어들 것으로 생각했다. 그래서 극장시설 개선. 분장실 확장, 미용실, 이용실, 세탁소, 부엌, 어린이 놀이터 등 편의시설 다양화에 힘을 기울였다. NVA와 VMPA 사이에는 아주 친밀한 관계가 형성되었다. VMPA는 NVA에게 공연우선권을 부여했고, NVA의 열악한 재정을 지원하였다.

VMPA는 마운트포드의 전투적 전략을 비난하면서 WRAU의 정보가 극장에 유입되지 않도록 주의를 기울였다. VMPA와 WRAU간의 갈등이 심해지자 경영자들은 노조 소속 보드빌리언의 극장출연을 제한한다. 실제로 1916년에는 35-40명의 공연을 취소했다.

NVA가 점점 세를 불려가고 VMPA는 노조에 대한 공세를 강화하자 마운트포드는 회원들에게 비노조 연예인들하고는 같이 공연하지 말 것을 촉구한다. 경영자들은 클로즈드 샵을 격렬히 반대했다. '우리는 기술자가 아니라 아티스트로서의 연예인을 원한다.' 만약 보드빌이 노조화되면 연예인들은 일일 노동자가 되고 만다. 그들은 보드빌리언의 출연료가 상당히 인상되었음을 내세웠다. 노동자들의 평균임금은 1,300달러였지만 보드빌리언은 주당 75달러, 42주 투어에 3,150달러의 연봉을 받고 있었다.

4. 2차 파업

국제 무대종사자 연합회(IATSE)는 1916년 오클라호마에서 임금인상, 주 6일 근무, 일일 8시간 근무, 클로즈드 샵 등을 요구하면서 파업에 돌입한다. 노조는 이에 고무된다. 이들의 파업은 WRAU에게 좋은 사례가 되었고, 서로 협력하기로 한다. 이는 당시의 근로조건에 대한 광범위한 불만의 상징이자, 산업의 트러스트화에 대한 저항이었다. 1917년 AFL은 250만 명이 가입해 있었다. 당시에는 장시간 노동, 저임금에 대한 분쟁이 많았고 4,450여 회의 파업이 있었다

IATSE 파업에 고무된 WRAU는 대도시에서 대규모 파업을 계획한다. 마운트포드는 1917년 2월 고든(Nathan Gordon)이 운영하던 보스턴의 3개 극장에서 파업에 돌입한다. 이어 세인트루이스의 2개 극장과 시카고에서도 파업을 벌인다. VMPA는 블랙리스트로 대응한다. 1916년 가을 빅 타임 극장은 비NVA 배우들의 출연을 금지한다. 그러자 WRAU를 탈퇴해 NVA로 이동하는 연예인이 생겼다. 경영자들은 VMPA 극장에 출연하려면 NVA 회원임을 입증하라고 요구했다.

노조는 마커스 로우 극장의 무대종사자 파업도 지원했다. 로우는 클로즈드 샵에 반대하는 입장이었다. 노조는 파업에 반대하는 연예인을 분장실에 감금하거나 무대에 유리병을 집어던지기도 했다. 70여 명의 노조원이 질서위반으로 체포되

었다. 그러자 로우는 대체인력을 고용하여 해결하였고, 마운트포드는 회원들의 힘을 결집하는 데 한계가 있음을 깨닫는다.

로우가 IATSE회원들이 더 이상 WRAU지원을 받지 않는다면 회원들의 고용을 재개하겠다고 선언하자 노조의 파업동력이 급격히 약화된다. 그리고 4월 6일 미국의 독일에 대한 전쟁참여 선언으로 노동자 파업이 금지된다. 그러나 전쟁과 관계없이 WRAU의 파업은 재정문제, 블랙리스트, WRAU 내부의 불화, 마운트포드의 전략부재 등으로 실패할 운명에 처해 있었다. 반면에 VMPA는 수십만 달러를 사용하면서 파업에 대처했다.

NVA 합류를 거부한 보드빌리언들은 지방 소도시의 어두컴컴한 소극장이나 죽음의 여행길(Death Trail-시카고 서쪽의 험난한 공연루트를 말함)이라 불리운 순회공연에 나서 연명해야 했다. 보드빌 노조는 클럽하우스의 신축에 거액의 대출금을 빌렸는데, 파산하면서 압류를 당했고 알비는 재빨리 이를 인수했다. 보드빌 노조와 경영자간의 힘의 차이를 말하는 상징이었다.

1918년 키스의 아들 폴이 폐렴으로 사망한다. 1919년 UBO는 키스 보드빌 거래소(KVE)로 바뀌었다. 알비는 회장, 머독은 사무국장이 되었다. 두 사람 모두 보드빌리언들에게는 악명높은 경영자로 '강철의 손'으로 불렸다.

1919년 키스-알비 서킷은 50개의 빅 타임과 78개의 스몰 타임 극장을 소유하고 있었다. VMPA 회원은 200명, NVA회원은 수천명이었다. 알비는 KVE, VMPA, NVA를 지배하는 보드빌 제국의 황제였다.

WRAU는 AFL의 승인을 받았지만 그 존속 자체가 위험한 상태였다. 오히려 연극노조인 AEA가 AFL의 승인을 받았다. AFL 회장 새뮤얼 곰퍼스는 1919년 WRAU와 AEA 간의 협상을 권유한다. AFL은 WRAU 대신 〈미국 배우예술인 연합회〉(Four A's, Associated Actors and Artistes of America-WRAU, AEA, 이디쉬와 독일 배우노조)를 결성하라고 권유한다.

WRAU가 와해되자 연극배우 노조(AEA)가 배우와 연예인을 대변하는 단체로 부상한다. AEA는 1919년 8월 8개 도시에서 파업을 강행한다. 연극노조의 파업은 성공했고 경영자협회는 노조의 요구를 수용한다.

5. 파업은 왜 실패했는가

래츠는 1901년과 16년 뒤인 1917년 두 번의 파업을 벌이지만 실패한다. 미국의 연극노조와 영국의 뮤직 홀 노조의 파업은 성공했는데 왜 보드빌 노조는 실패했을까?

첫째, 보드빌리언들은 스스로를 품격있는 아티스트라고 생각했다. 보드빌리언은 이미지를 중시하기 때문에 폭도들이라는 오명을 듣기 꺼려했고 경영자에 대한 과격한 행동을 자제했다. 대부분의 래츠는 임금투쟁에 골몰하는 노동자가 아니라 창조하는 예술가로 자처했다. 그러나 연극은 달랐다. 그들은 임프레사리오 밑에 종속된 하나의 공동운명체였다. 개런티와 처우의 차이는 있었지만 대부분의 연극배우들은 동일집단에 속한 공동체라고 생각한다.

둘째, 또 하나의 중대한 실수는 래츠가 오르페움 서킷을 파업대상에서 제외했다는 점이다. 적의 중심을 공격해야 하는데 주변에서 변죽만 울린 꼴이었다. 60개의 극장에서 파업을 했지만 몇 개의 극장만이 공연을 취소했을 뿐 대체인력을 동원하여 해결해 나갔다. 대부분의 보드빌리언은 NVA를 택했다.

셋째, 실버만 같은 중요한 인물의 지원을 얻는 데도 실패했다. 실버만은 오히려 경영자 편에 섰다. 마운트포드의 리더십은 신뢰를 받지 못했다. 그는 공금횡령의 의심을 받고 있었다. 파업의 결과 WRAU는 파산에 직면한다. 1917년 10월 회원은 121명에 불과했다.

넷째, WRAU는 강한 리더십이 결여되어 있었고 조직적 힘이 부재했다. 연극 노조의 대부분은 파업을 지지했고, 파업기간중에도 회원은 증가했다. 그러나 보드빌 노조는 전체 회원중 일부만이 가입했고, 지도부의 방침에 일사불란하게 따르지 못했다.

다섯째, 연극배우들은 뉴욕에 체류하고 있어서 단합이 가능했지만 대부분 순회공연 중이던 보드빌리언은 단합된 힘을 발휘하지 못했다.

여섯째, 대중적 지지가 약했다. 특히 연극노조에서 에델 배리모어와 마리 드레슬러, 뮤직 홀에서는 마리 로이드와 같은 톱 스타가 직접 파업에 참여하고 대중의 지지를 호소했지만 보드빌에서는 그런 모습을 찾을 수가 없었다. 오히려 스타가 더 소극적이었다. 배우나 연예인들은 스스로를 예술가라고 생각하고 파업은 예술가가 취할 행동이 아니라고 믿는다.

일곱째, 알비의 블랙리스트가 노조를 분열시켰다. 알비는 당근과 채찍을 동원해 노조원들을 갈라치기 했고, 물타기 수법을 동원해 투쟁력을 약화시켰다. 경영자 조직을 우선 만들고 이에 동조하는 어용조직을 만들어 보드빌리언을 분열시켰다.

4부

보드빌의 쇠퇴

1장

보드빌 쇠퇴의 원인

1913년 오픈한 팰리스 극장은 보드빌의 성지가 되고, 이로 인해 당시의 최고 인기극장이던 해머스타인의 빅토리아 극장은 1915년 사라진다. 빅토리아 극장이 다임 박물관과 뮤직 홀 시대의 전통극장이라면 팰리스는 재즈, 새로움, 스피드, 섹스 등으로 상징되는 신시대의 극장이었다. 그런데 팰리스 극장도 20년 뒤에 영화관으로 바뀐다. 신시대의 엔터테인먼트라고 여겼던 보드빌이 사라지고 만 것이다. 미국의 대중문화를 지배했던 보드빌이 이렇게 쉽게 무너질 것이라고는 누구도 쉽게 상상할 수 없었다.

일반적으로 보드빌은 팰리스 극장이 영화관으로 바뀐 1932년에 소멸한 것으로 본다. 보드빌이 영화관으로 바뀐 것은 라이브가 기술복제 예술인 영화에 패배했다는 것이고, 영화의 시대가 열렸음을 의미한다.

그러나 보드빌의 쇠퇴를 영화만으로 한정할 수는 없다. 보드빌의 쇠퇴는 (1) 영화, 라디오, 축음기 등 기술적 매체의 등장 (2) 다른 장르와의 경쟁 (3) 보드빌 자체의 혁신 부족 (4) 스타 시스템으로 인한 제작비의 급등 등 경제적 요인 (5) 1929년 대공황 (6) 대중 취향의 변화 등이 복합된 결과였다.

1900-20년대에 보드빌의 수문이 활짝 열렸다. 가수, 코디미언, 밴드들이 쏟아져 들어왔다. 1910년에 1600개에 달했던 보드빌 극장이 1918년에 2,000여개로 늘어난다. 이 통계를 보면 보드빌이 성장한 것으로 보인다.

그러나 같은 해 VMA는 보드빌 극장이 907개인데 이 중 485개만이 두 개의 카르텔을 통해 예약하고 있다고 밝힌 바 있다. 1919년에 뉴욕 트리뷴지는 750개만이 남아있다고 하였다. 1920년에 빅 타임은 60개, 스몰 타임은 500개 정도였다.

쥴리우스 칸-거스 힐(Julius Cahn-Gus Hill)보고서에 나온 각 도시의 보드빌 극장 통계다

> 시카고: 1900년 3개, 1910년 41개, 1919년 8개
> 샌프란시스코: 1905년 16개, 1913년 9개, 1919년 5개
> 뉴욕: 1896년 13개, 1905년 24개, 1911년 48개, 1920년 22개

이 통계를 보면 1910-20년대 사이에 이미 보드빌은 서서히 쇠퇴하고 있음을 알 수 있다. 1912년 정점을 찍은 후 서서히 경쟁력을 상실하다가 1919년 잠시 회복하지만 곧 위기를 맞는다.

1915년에 UBO는 보드빌 산업이 위기에 처했다고 선언했다. 빅 타임 보드빌의 수익은 몇 년 전부터 지속적으로 감소하고 있었다. 빅 타임만을 고집해 오던 키스-알비 체인도 공연을 반으로 줄이고 영화를 늘려서 5-15-25 센트의 저렴한 입장료의 스몰 타임을 운영한다. 키스-알비의 대부분의 극장이 팝 보드빌로 전환한 것이다. 오르페움 체인도 이를 따랐다. 1차 대전이 발발했을 때는 스몰 타임과 빅 타임의 구분이 거의 사라졌다.

1917년에 래츠의 2차 파업이 있었지만 보드빌은 큰 타격을 입지는 않았다. 보드빌리언들의 저항을 이겨내고 저가 티켓 정책을 도입하자 오히려 관객은 늘어났다. 1차 대전 직후인 1919-20시즌에 보드빌은 1912년 이래 최고의 호황을 맞는다. 뉴욕의 팰리스 극장은 매일 평균 1만 명에 4만 달러의 수입을 얻었는데 이는 보드빌 역사상 최고의 실적이었다. 오르페움 체인의 여왕 시카고의 스테이트 레이크 극장은 1919-20 시즌에 370만 장을 판매했다. 이는 거의 매진을 의미한다. 로우의 스몰 타임 26개 극장도 모든 공연이 매진이었다. 이는 1919년에 시행된 금주법으로 인해 캬바레와 음식점에서 술과 공연이 금지되었기 때문이다.

보드빌이 부활하자 극장건설 붐이 일어난다. 월 스트리트의 많은 자금이 보드빌로 흘러들어갔다. 알비는 보드빌은 건재할 것으로 믿고 오히려 극장의 신축에 나섰다. 대부분 많은 좌석을 가진 대극장이었다.

1922년 클리블랜드에 3,500석(4-5백만 달러소요)

1925년 브루클린에 3,100석(300만 달러)

1926년 오하이오에 2,827석

1925년 타임스 스퀘어에 있는 5,200석의 히포드롬 인수

히포드롬은 미국 역사상 가장 큰 극장이다. 브로드웨이의 일반적 극장보다 12배가 크고 무대는 천여 명의 배우를 수용할 수 있었으며, 좌석은 운용방식에 따라 5200명까지 수용이 가능했다. 이런 이유로 알비가 인수하기 전까지 주인이 몇 번 바뀌었다. 히포드롬은 보드빌로서는 매우 독특한 극장이었고, 이를 채우기 위해서는 큰 공연만이 가능했다. 이런 거대한 극장들을 관리하는 데 소요되는 막대한 비용을 조달하는 데 어려움이 있었을 것이다.

이는 최악의 선택이었다. 보드빌 경영자들은 시대와 대중 취향의 변화를 읽어내지 못했다. 알비의 과도한 하드웨어 신축은 서킷운영에 큰 위협이 되었다. 1921년부터 전후 불황이 불어닥치면서 공연산업은 커다란 타격을 받는다. 유일한 방법은 티켓 가격을 인하하여 관객을 끌어들이는 일이었다. 이로 인해 빅 타임과 스몰 타임의 차이는 거의 사라지고 경쟁은 더욱 치열해진다.

1925년에 100여 개의 보드빌 극장만이 남았고, 빌보드지는 보드빌의 몰락을 예견한다. 빅 타임은 일일 2회 대신 3-4회 공연을 강요한다. 1926년에 버라이어티 지의 기사는 영화가 보드빌을 대체할 것이고 이는 혁명적인 사건이라고 보도했다.

1926년은 보드빌 역사의 전환점이 되는 해였다. 1926년에 12개의 극장만이 보드빌 전용관으로 운영되었고, 그 중 빅 타임 극장은 5개였다. 너무나 급격하게 쇠락하였기 때문에 누구도 예상할 수 없는 일이었다. 1927년에는 하나의 극장, 팰리스만이 빅 타임을 공연하였다. 빅 타임의 갑작스런 몰락은 많은 실업자를 양산했다. 키스-알비 서킷에 등록된 2,000여 명의 보드빌리언 중, 1927년에 500명이 정상적인 루트의 공연을 하였고, 700명은 4주 공연, 500명은 완전실업, 500명은 보드빌 산업을 떠난다. 이런 상황에서도 알비는 보드빌에 집착하였고, 서킷 소유자들은 보드빌이 미국 최고의 오락이라는 환상에 빠져 '바보의 천국'에 살고 있었다.

빅 타임의 급격한 몰락은 오르페움이라고 예외일 수 없었다. 하이만 체제에서 1925-27시즌에 대규모의 매출감소가 발생한다. 이를 배우 출연료 20% 삭감으로 대응한다. 출연료 삭감으로 악명이 높았던 오르페움의 간부 샘 칼(Kahl)은 별명이 커터였다.

1. 기술적 매체의 등장

• 영화

초기의 영화는 보드빌의 경쟁상대가 되지 못했다. 초기 영화는 스스로의 매체성을 발견하지 못하고 다큐 중심의 영상만을 제작하는 데 그쳤고, 더구나 아직은 무성영화 시대였다. 키스의 극장에서 영화가 상영되자 관객들은 야유를 보낸 적이 있었다. 관객들은 영화를 허름한 나무벤치가 있는 창고극장에서 보여주는 삼류 쇼 정도로 생각했고, 보드빌 경영자들은 영화를 저글링이나 동물쇼와 같은 보드빌 프로그램의 한 부분으로 활용할 뿐이었다.

그렇지만 1910년대부터 영화가 보드빌 인기를 능가하기 시작한다. 영화가 더 이상 보드빌의 종속물이 아닌 독립적인 장르로 발전하고 있음을 부인할 수 없었다. 1910년에 보드빌 관객은 24.3%였고, 영화관객은 51%였다. 이미 1905년부터 1910년까지 커다란 인기를 모은 니클로우던이 영화의 잠재력을 확인해준 바 있다.

영화를 보드빌에 도입한 사람은 마커스 로우(Marcus Loew)였다. 1906년에 첫 극장을 오픈했고 1910년에 11개로 늘렸다. 빅 타임의 대항마가 된 것이다. 알비는 프록터와 해머스타인 등 모든 빅 타임 경쟁자들을 이겼지만 마커스 로우는 꺾을 수가 없었고, 결국은 영화로 인해 보드빌은 소멸하고 만다.

초기 영화의 매력은 가격이었다. 니클로우던은 1니켈(5센트)을 받았고, 보드빌은 50센트를 받았다. 가장 저렴한 좌석은 1다임(10센트)이었다. 반면 빅 타임은 2달러까지 받는 곳도 있었다. 영화사업은 보드빌에 비해 위험성이 적었다.

짧은 영화가 상영될 때 관객들은 별로 관심이 없었다. 그러나 1910년대 중반에 연극형식의 정규 길이의 영화가 등장하면서 상황이 변한다. 영화가 전문화의 길로 들어선 것이다. 드라마가 영화에 도입되면서 관객들은 영화의 매력을 발견한다. 1921년 경에는 영화와 보드빌을 같이 상영하던 극장의 4분의 1이 영화만 상영하는 극장으로 바뀐다. 영화는 보드빌의 가장 강력한 경쟁자가 되었다.

결정타는 토키, 즉 비타폰의 발명과 이를 이용한 유성영화였다. 라이브 공연이 기술에 의해 수명을 다한 것이다. 첫 유성영화는 1927년에 제작된 알 졸슨의 〈재즈 싱어(Jazz Singer)〉였다. 영화는 분장실 때문에 문제가 발생하거나 운송에 필요한 운송비도 많이 들지 않는다. 병에 걸려서 입원할 일도 없고 그래서 하루를 쉴 필요도 없다. 이는 완벽한 엔터테인먼트 사업의 혁명이었다.

영화와 보드빌은 밀접한 관련이 있었고 영화가 성장하는데 커다란 도움이 되었다. 스튜디오 시대[39]의 5개 영화사 중 4개는 보드빌과 관련이 있었다.

모피상 출신의 윌리엄 폭스는 보드빌 체인과 영화관을 열

*39) 폭스, 파라마운트 등의 5대 영화사가 제작, 유통, 배급 등의 전과정을 통제하던 시스템이었다. 끼워팔기 (block booking) 등의 부작용이 나타나자 1948년 폐지되었다.

었다가 1913년에 폴리 체인을 인수하고 2년 뒤에는 폭스(Fox)사를 창립한다. 그리고 20년 뒤에 20세기 센츄리와 합병한다.

1912년 아돌프 주커(Adolph Zukor)는 〈유명한 배우들〉이라는 영화사를 설립하여 영화제작을 시작한 뒤 투자자들의 도움을 받아 파라마운트 사를 설립한다. 그런데 주커의 영화제작의 기반이 된 것은 1903년에 자신이 설립한 〈자동 보드빌 사(Automatic Vaudeville Company)〉라는 보드빌 회사였다.

1920년 마커스 로우는 메트로 영화사를 인수하여 자신의 보드빌 체인에 영화를 유통한다. 1924년에 골드윈 영화사 및 루이스 프로덕션과 합병하여 MGM 영화사를 설립한다.

RKO는 키스와 오르페움이 관련된 영화사였다.

이들 영화사는 영화제작과 보드빌 공연을 병행하면서 영화제작의 위험성을 피해 나갔다. 초기의 스튜디오들은 영화는 한 때의 유행이고 라이브 공연은 다시 인기를 얻을 것이라고 생각했었다. 그러나 결과는 반대였다.

• 라디오와 축음기

1926년 NBC가 출범하였다. 곧 미국인 5명 중 1명이 라디오를 보유하게 된다. 11월 개국일에는 윌 로저스(Will Rogers), 에디 캔터 등의 보드빌 스타가 출연했다. 1927년 CBS

가 출범하면서 더 많은 보드빌 스타들이 라디오로 이동했다. 공연장에 가야 볼 수 있었던 스타들을 안방에서 앉아서 들을 수 있게 된 것이다. 라디오의 인기가 올라가자 알비는 라디오 출연자를 블랙리스트에 올렸다. 그러나 별 효과가 없었다.

에디슨의 축음기 역시 서서히 보드빌을 잠식하기 시작한다. 1919년까지 매년 2천 5백만 장의 레코드가 팔렸다.

혁명적인 미국의 운하가 철도에 의해 수명을 다한 것처럼 보드빌은 음악, 영화, 방송 등 테크놀로지에 의해 쇠락의 길을 걷는다. 엔터테인먼트의 역사는 미디어와 기술의 역사이고, 보드빌 쇠퇴의 가장 큰 원인은 영화였다. 이는 공연예술과 엔터테인먼트의 운명이 내재적인 요인보다는 기술적이고 사회적인 요인에 달려 있음을 말한다. 공연은 한 뿌리에서 나온 것이지만 매체와 사회의 변화와 발전에 의해 그 운명이 달라지는 것이다.

2. 경쟁

• 캬바레와 레스토랑

캬바레는 파리에서 시작되어 유럽 전역에서 붐을 이루고 있었는데 미국에는 1911년에 들어왔다. 캬바레와 레스토랑에서 버라이어티를 보여주게 된 것은 1차 대전

이후부터였다. 이들은 보드빌처럼 뮤지컬과 코미디 쇼를 공연했다. 레스토랑에서는 당시의 댄스열풍을 반영하여 댄스 플로어를 설치했다. 레스토랑과 캬바레를 병행하는 곳도 있었다.

20세기 초 캬바레는 작은 도시에까지 침투했고 1918년 시카고에는 230개가 있었다. 뉴욕에서는 가수와 댄서들이 쇼를 하는 많은 식당과 나이트클럽이 보드빌 관객을 빼앗아갔다.

• **레뷔**

레뷔(revue)는 춤, 노래 그리고 짧은 이야기(스케치)를 결합하여 만든 엔터테인먼트로 19세기부터 시작된다. 레뷔는 당시의 화제, 시사문제, 정치 등을 다루었지만 춤이나 노래에 더 중점을 두었다. 여기에 화려한 세트, 의상 등 시각적 스펙터클이 가세한다. 20세기 초반 레뷔를 대표한 건 지그펠드 폴리스(Zigfeld Follies)였다.

에이전트이자 임프레사리오 플로렌즈 지그펠드는 1907년에 첫 레뷔를 제작한다. 에마 카러스(Emma Carus), 노라 베이스 등의 스타와 타이트한 코르셋을 입은 코러스 걸들이 출연한다. 레뷔는 빠르고 경쾌하며 위트가 넘치는 오락으러 재즈와 잘 어울렸다. 지그펠드는 코러스 걸에게 진짜 모피 의상을 입히고 비싼 프랑스제 향수를 뿌려 마치 귀족처럼 보이게 했다. 일반적인 보드빌리언은 감당하기 힘든 치장이었다. 모든 면에서 레뷔는 보드빌을 압도했다. 지그펠드는 최초로 코러스의 옷을 벗겼고, 코러스는 이로 인해 누드 모델이 되었다. 여성을 대상화한 건 보드빌보다 레뷔가 훨씬 강했다.

레뷔를 북 뮤지컬의 기원이라고 보기도 한다. 그것은 레뷔가 완전체의 스토리라인을 갖지는 않지만 특정 주제를 중심으로 공연을 전개해나갔기 때문이다. 갈등과 해결의 과정을 거치는 이야기가 있다는 건 관객의 몰입감을 높일 수 있다. 단순히 노래와 춤만을 보여주는 것이 아니라 여기에 논리적 계속성을 가지고 이들을 결합하기 때문이다.

레뷔는 초기에는 연예인 섭외가 어려웠기 때문에 보드빌이 없던 여름에 주로 공연을 했다. 그러나 시간이 갈수록 정규시즌에도 보드빌과 경쟁하기 시작한다. 알 졸슨은 대표적인 예다. 레뷔가 더욱 각광을 받은 것은 1920년대부터 보드빌의 제작비가 상승하여 임프레사리오들이 경제적 곤경에 처하고 나면서부터다. 레뷔는 보드빌의 독점에 균열을 일으킨 경쟁 장르였다. 여기에는 대중들의 취향변화가 작용했다. 이런 현상들은 보드빌의 위상변화를 대변한다.

레뷔는 보드빌과 싸우기 위해 계급개념을 도입했다. 코미디언은 턱시도와 정장을 입고 나왔고 여자배우는 이브닝 가운을 입었다. 버라이어티 쇼 시절부터 내려온 보드빌의 독특한 특성인 자유분방한 의상전통이 사라지고 통일적이고 점잖은 의상이 지배하기 시작한다. 광대같은 요란한 의상이나 해진 모자 대신 재치있는 이야기를 제공하는 밥 호프나 켄 머레이가 각광을 받았다. 레뷔의 계급성이 보드빌의 통속성을 이긴 것이다. 레뷔는 보드빌의 두 배의 입장료를 받았다. 고급 보드빌 관객들이 레뷔 관객으로 바뀌어 갔다.

브로드웨이의 레뷔만이 보드빌 스타를 빼낸 것이 아니다. 북 뮤지컬도 서서히 보드빌 스타와 관객을 빼앗아 갔다.

3. 제작비의 급등

모든 공연산업은 '비용의 질병 cost disease'에 시달린다. 생산성은 정체되는데 비용은 상승하는 현상인데, 이는 어떤 라이브 공연도 피해 갈 수 없다. 여기서 문제가 되는 건 스타의 개런티다. 초기의 보드빌 산업은 빅 타임에 경도되어 있어 스타확보가 중요한 과제였다. 스타는 성공의 열쇠였고 실제로 스타로 인해 기사회생한 사례가 여러 차례 있었다.

그러나 천정부지로 오르는 스타의 몸값은 임프레사리오를 곤경에 빠뜨리는 가장 큰 원인이 된다. 보통 공연제작비 중에서 인건비는 50%를 상회한다. 따라서 스타의 개런티가 올라가면 올라갈수록 제작비 상승폭은 커질 수 밖에 없다.

이미 경제적 곤경에 처해 있던 보드빌 카르텔은 1914년에 개런티를 15% 삭감하고, 주당 개런티도 500달러로 묶는 샐러리 캡을 실시했다. 노라 베이스가 유럽에서 귀국하자, 주급이 2,500달러에서 1,500달러로 삭감된다. 이는 오히려 스몰 타임에 도움을 주었다. 왜냐하면 스몰 타임도 헤드라이너를 캐스팅할 수 있게 되었기 때문이다. 반대로 개런티가 삭감된 보드빌리언들은 분노한다. 스몰 타임과 빅 타임의 구분이 무의미해진다.

티켓가격도 문제가 되었다. 일반적으로 공연시장은 넓다기보다는 깊다고 말할 수 있다. 그래서 소수의 부유층이 가난한 다수보다 많은 것이다. 그렇지만 대중연예가 되면 상황은 달라진다. 그들은 예술보다 오락을 선호하고 비싼 입장료보다 저렴한 입장료를 선호한다.

영화가 보드빌을 압도하게 된 것은 내용과 함께 티켓가격이 보드빌보다 현격하게 저렴했기 때문이었다. 빅 타임 카르텔은 팝 하우스를 압박할 방법이 없었다. 지역이나 배우 또는 내용을 경쟁하는 것이 아니라 제작비와 티켓가격을 경쟁해야 했기 때문이다.

19세기 말에 프록터는 보드빌 산업에서 가장 중요한 인물이었다. 그는 뉴욕에서 전통 극장을 운영하던 공연사업자로서 빅 타임을 개척한 인물이었다. 그의 빅 타임은 10여년 동안 전국으로 확산된다. 그런데 프록터의 운영방식은 작품의 내용과 관객의 수준은 높았지만 제작비가 많이 소요되는 결정적인 문제가 있었다. 게다가 자신이 운영하던 극장에 레파토리 극단을 보유하고 있어서 관리비와 제작비가 더욱 상승했다. 이는 티켓가격 상승으로 이어져서, 1890년대 중반에 싼 좌석은 25센트, 비싼 좌석은 1달러(박스석)까지 상승했다. 반면 키스의 유니온 스퀘어 극장의 입장료는 15센트였다. 프록터는 모든 투자를 뉴욕과 인근에 집중했고, 이익금으로는 최고의 보드빌리언 확보에 썼다. 보드빌리언에게는 점프를 줄여서 공연을 편리하게 하였고 관객에게는 주거지 인근에 근린극장을 설치하여 관람의 편의성을 높였다. 그렇지만 근린극장은 지역적인 한계로 인해 관객확보에 어려움이 있고 티켓가격의 책정에서도 자유롭지 못하다.

프록터는 키스-알비보다 더 보수적이었다. 보드빌의 대중성을 낮게 평가하였고, 오히려 보드빌을 중산층 대상의 오락으로 보았다. 엘리트 관객에게 좋은 공연을 제공하되 높은 티켓가격을 책정하는 게 그의 사업방식이었다. 그의 빅 타임 방식은 퍼시 윌리엄스, 오스카 해머스타인 등 경쟁업체들의 롤모델이 되어 보드빌의 제작비는 급격하게 올라간다. 마틴 벡도 빅 타임을 도입하는데. 1900년 오르페움은 갤러리석이 1다임(10센트)이었지만 1층 오케스트라 석은 1달러였다.

퍼시 윌리엄스도 프록터를 모방한다, 그는 프록터처럼 근린극장을 운영했고, 스타를 많이 기용했으며 연극과 경쟁하려면 프로그램을 자주 교체해야 한다고 생각했다. 이런 방식은 모두 과다한 제작비를 필요로 하는 방식이다.

키스의 주당 캐런티 총액이 3천 달러에 달할 때 윌리엄스의 주당 총액은 7,000달러에 달했다. 이 때 뮤직 홀 스타 베스타 틸리의 개런티가 주급 3,000달러에 달했다. 한 사람의 스타 출연료가 전체 제작비이 40%를 넘나드는 것이다. 그런데 한 사람의 헤드라이너로는 공연의 풍성함이 부족하다고 느끼고 한 두 명의 스타를 더 섭외한다. 더구나 해외 스타들은 개런티 이외에도 추가적으로 교통비, 식비와 기타 부대경비가 소요되니 훨씬 비용이 많이 든다. 공연에서 인건비를 어떻게 관리하고 줄이느냐가 공연성패의 가장 중요한 포인트가 된다. 우리나라 뮤지컬은 보드빌 빅 타임보다 더 강력한 스타 시스템이다.

4. 혁신의 부족

보드빌은 이미 1910년대부터 쇠퇴의 기미가 나타나고 있었다. 1915년 모리스 윌리엄스는 알비를 만나서 보드빌은 이미 과거의 오락이 되었고, 낡은 형식이며 지나치게 반복이 많다고 경고한다. 그러나 빅 타임의 인기에 취해 있던 알비는 모리스가 자신을 속이고 있다고 믿는다. 그는 "내가 곧 보드빌"이라는 생각에 빠져 있었다.

모리스가 본 보드빌의 아킬레스건은 과거의 관습을 유지할 뿐 혁신을 거부한다는 것이었다. 몇 년간의 성공에 취해 빅 타임은 변화를 거부한다. 돈을 쌓아놓은 보드빌 경영자들은 무슨 일이 닥치고 있는지 모르고 있었다. 빅 타임 극장 건물은 낡았고, 스타들은 똑같은 노래를 몇 년 동안 반복하고 있다고 비판했다.

빌보드의 기자는 같이 내려오지 않는 커튼, 너무 빠르거나 너무 늦게 내려오는 세트, 여성 보드빌리언의 의상 갈아입기에만 관심이 있는 박스석 관객들을 비판했다. 관객들은 대량으로 생산되는 유사한 형식의 공연에 식상했다. 기획자들은 보드빌의 가장 중요한 요소인 다양한 장면, 조화로운 결합을 소홀히 했다. 한 프로그램에 다섯 개의 춤장면을 삽입하고 9개의 프로그램을 7명이 소화한다. 너무 많은 저글링이 등장하고 재능이 없는 탈렌트도 많았다.

뇌물과 연고주의에 빠진 예약사무소는 추가 커미션을 주는 배우나 알비의 지인들을 우대했다. 지역 에이전트에게 프랜차이즈를 부여하여 연고주의를 키웠고, 이는 젊고 재능있는 탈렌트의 성장을 가로막는 폐해를 낳았다.

1925년 버라이어티의 편집장 실버만은 알비가 변화를 꾀하지 않고 젊은 직원을 키우지 않으면 빅 타임이 곤경에 처할 것이라고 충고한다. 알비는 화가 나서 버라이어티의 출입과 광고게재를 금지하겠다고 위협한다.

1920년대의 보드빌은 영화, 빠른 재즈, 찰스턴 열풍[40], 화려한 레뷔, 심야 캬바레에 비교하면 과거의 오락이 되었다. 이 시대의 새로운 문화는 표현의 자유, 금기로부터의 해방, 성도덕의 완화 등이었다. 그러나 알비와 동료들은 오락이 깨끗해야 한다는 강박관념에 사로잡혀 있었고, 검열 규칙을 강조했다. 금기 대사가 있었고, 외설스런 말을 하면 해고당했다.

러시아 출신의 유명한 여배우 알라 나지모바가 조지 미들턴의 〈미지의 여인〉이라는 플레이렛에서 뉴욕의 이혼법을 비판한다. 나지모바는 부자에 의해 고용된 창부가 이혼소송에서 거짓증언을 하는 장면을 연기했다. 그러자 다음날 목사가 알비 사무실을 찾아가 항의했고 공연은 취소되었다. 메이 웨스트의 선정적인 공연도 항의의 대상이었다.

버라이어티지는 1926년, 보드빌은 영화, 벌레스크, 캬바레, 나이트클럽과 같은 한 오락의 형태일 뿐이라고 썼다. 보드빌리언은 새로운 직업을 찾아나서야 했다. 1920년대에 보드빌 스타는 브로드웨이 무대에 진출한다. 브로드웨이는 높은 출연료를 주었다. 보드빌 스타였던 막스 형제는 브로드웨이에 진출하여 레뷔, 심야 캬바레, 지그펠드 폴리스 등에 출연한다.

보드빌은 보수적일 수밖에 없었다. 대중적 연예의 도입에 보수적이거나 늦었다. 세월과 대중취향은 변하는데 과거의 성공에 집착하여 혁신을 두려워했다.

*40) Charleston. 광란의 20년대(roaring twenties)에 젊은이들 사이에 유행했던 춤으로 빠른 발동작과 역동적인 손놀림이 특징.

5. 대공황

1929년에 시작된 대공황은 문화계를 초토화시켰다. 많은 보드빌 극장들이 제작을 줄이거나 아예 문을 닫았고, 쓸 돈이 줄어든 관객들은 보드빌을 찾지 않았다. 불황기에 시민들이 가장 지출을 줄이는 항목은 문화비다. 문화는 필수적인 소비대상이 아니기 때문이다. 대중들은 영화관으로 발길을 돌렸다. 팰리스 극장이 보드빌에서 영화관으로 바뀐 것도 이런 현상 중의 하나였다.

6. 대중취향의 변화

대중은 변덕스럽다. 대중은 매스 미디어의 내용에 민감하고 선동에 취약하다. 그러나 엄밀히 말하자면 대중의 취향은 변하지 않는다. 대중들은 타고난 취향이 있다. 대중은 쉽고 빠르고 역동적인 것, 자극적인 것, 새로운 것, 재미있는 것을 선호한다. 그렇지만 대중은 또한 자기실현과 자기발전에 대한 강한 욕망도 가지고 있다.

대중은 항상 옳다. 관객 역시 옳다. 대중들은 새로움과 변화를 추구한다. 전통에 집착하기보다는 새로운 미래를 그린다. 관객들은 10여 개의 짧은 버라이어티를 모아놓은 보드빌보다 갈등과 해결의 과정을 거치는 드라마, 그래서 카타르시스를 주고 무언가 생각할 재료를 제공하는 영화가 더 좋았던 것이다. 빠른 전개와 역동적인 움직임이 있는 영상으로 관객들은 이동했다. 그리고 무엇보다도 영화는 매우 저렴했다.

엔터테인먼트는 이런 대중취향에 맞게 변화해 온 것이다.

유서깊은 보드빌의 명소, 팰리스 극장은 1932년 11월 영화관으로 바뀐다. 지속되는 적자와 영화의 공세에 밀려 사라진 것이다. 팰리스를 차지한 것은 〈스페인에서 온 어린이(The Kid from Spain)〉라는 영화였다. 멀지 않은 곳에 다른 극장이 생겼다. 라디오 시티 뮤직 홀. 보드빌을 늘 앞에 배치하던 〈버라이어티〉지는 이를 뒷면에 배치했다.

2장 보드빌 제국의 몰락

한 때 보드빌 제국을 건설하였고 미국의 대중문화를 호령하던 키스-알비 서킷은 영화투자를 시작한다. 그러나 영화 스튜디오를 소유하고 있던 로우에 비해 일급의 영화필름 입수가 몇 주씩이나 늦어졌고, 이로 인해 독립 프로듀서나 2급 필름을 구입할 수 밖에 없었다. 이는 매출하락의 원인이 된다. 영화투자는 J.J.머독이 주도했다. 헐리우드의 거장 세실 드 밀이 소유한 PDC(Producers Distributing corporation)와 파트너십을 구축하고 1926년에 PDC 지분의 50%를 확보하였고, 11월에는 단편영화를 주로 제작하던 페이스(Pathe) 거래소의 지분 25%를 취득한다. 그렇게 되자 키스-알비 서킷과 PDC-Pathe가 자연스럽게 업무적인 연결을 갖게 된다.

그러나 영화투자는 재정문제를 야기했고, 이를 해결하기 위해 머독은 재정전문가를 영입한다. 그 사람이 바로 케네디 대통령의 아버지 조셉 케네디로 영화예약사무소(FBO, Film Booking Office)의 회장이었다.

• 키스-알비 서킷과 오르페움의 통합

오랫동안 사업구역과 예약업무에 대한 합의를 바탕으로 경쟁해 왔던 두 서킷은 통합논의를 시작한다. 과거에도 약간 논의가 있었지만 1920년대 후반의 사정은 절박했다. 두 서킷의 통합이익은 1924년 390만 달러, 26년 380만 달러였다. 반면 로우의 영화관 수입은 지속적으로 상승하여 1926년에 640만 달러에 달했다.

1928년에 두 서킷은 합병하여 키스-알비-오르페움 사(KAO Corporation)를 설립한다. 당시 자산은 천만 달러로 평가되었다. 372개의 극장을 소유 또는 임차하고 있었고, 724개의 회원사가 가맹되어 있었다. 키스 서킷이 주도하였고 알비가 사장, 머독이 부사장을 맡았다.

• RKO탄생

케네디는 KAO의 재정위기를 해결하기 위해 RCA 회장 데이비드 사노프를 접촉한다. RCA,KAO,FBO를 결합하는 새로운 회사설립을 구상 중이었다. 사노프는 영화상영을 위해서는 극장과 보드빌 배우들의 라디오 출연이 필요했다. 이로써 RKO(Radio-Keith-Orpheum)가 탄생한다. 영화, 라디오, 연극이 결합한 자본금 8천만 달러의 초대형 합병이 이루어졌다. 알비는 더 이상 보드빌 제국의 황제로 남아있을 수 없었다.

*

맺는 말

맺는 말

1. 산업으로서의 보드빌

19-20세기 미국의 대중연예는 거대한 산업이었다. 장르는 다양했고, 규모는 우리의 상상을 불허할 정도로 스펙터클했다. 거대한 텐트극장에서의 서커스와 광활한 야외에서 펼쳐진 와일드 웨스트 쇼는 장관이었다. 서커스가 펼쳐지는 날이면 모든 길은 기차에서 내려 서커스를 보러 가는 사람들로 인산인해를 이루었고, 많은 사람들은 이미 전날 저녁에 도착해 기다리고 있었다. 모든 공장은 휴업했고 상점은 문을 닫고 학교수업은 중지되었다. 철도회사는 반경 70km 이내의 주민들이 서커스 구경을 갈 수 있도록 특별열차를 운행했다. 서커스는 곧 한 마을을 형성했고 서커스가 당도한 지역은 모든 일상이 중단되었다. 지역주민들을 몽땅 빼앗아가 도시는 텅텅 비었다.

와일드 웨스트 쇼를 공연하기 위해서는 15에이커, 약 18,000평에 달하는 광활한 땅이 필요했다. 축구경기장 9개의 면적이다. 출연자는 카우보이, 척후대, 인디언, 군인, 멕시컨 등 1,200여 명이 필요했고 버팔로, 말, 사슴 등 수많은 동물이 등장했다. 이들을 운송하기 위해서는 세 대의 열차가 필요했다. 1893년 시카고 박람회의 최고 인기 콘텐츠는 진열된 전시품이 아니라 버팔로 빌 와일드 웨스트 쇼였다.

유독 19세기 미국인들이 엔터테인먼트를 좋아했는지, 엔터테인먼트가 필요한 환경이었는지 알 수 없지만 미국의 대중연예산업은 철강, 석유 등 기간산업 못지않은 거대한 산업이었다. 19세기 미국에는 '부에 대한 광적인 욕구'가 팽배했고, 성공신화를 꿈꾸는 많은 사람들이 연예산업으로 몰려들었다.

19세기-20세기 미국의 대중연예산업은 기술발전, 광고의 성행, 우편제도의 발달. 교통과 통신의 발달로 하나의 시장이 되었고 전국적 규모의 대형기업이 탄생한다. 가족기업들이 전국단위의 사업체제(national business system)로 변모한다.

보드빌은 이런 사회문화적 환경에서 발전한 거대한 산업이었다. 보드빌 산업은 민스트럴 쇼나 연극산업이 이룩해놓은 기반 위에서 새로운 경영방식을 도입하였다. 관객 개발을 위해 극장의 무질서를 개혁했고, 연속 보드빌을 개발했다. 이로써 여성과 어린이의 관람이 가능하게 되었고, 화이트 칼라 관객도 늘어났다. 화이트 칼라 관객은 1870년대 2-3%에서 1920년대에는 11%까지 증가했다. 또한 전국적인 네트워크를 만들어 유통의 범위를 혁명적으로 확장했다. 이것이 카르텔이었다.

보드빌 산업의 구조는 매우 복잡했다. 서로 다른 이해관계를 가진 많은 관계자들이 경쟁했고, 규모가 크다 보니 극장운영, 프로그램, 티켓가격, 출연자 관리와 처우, 관객개발, 극장간의 관계 등이 복잡했다. 보드빌 카르텔은 이런 복잡한 구조를 표준화하고, 전국을 하나의 네트워크로 만들어 중앙에서 통제하는 중앙집중식 경영방식이었다. 프로그램, 스타, 홍보방식, 공연의 형식과 내용까지도 중앙에서 결정한 표준방식을 채택했다. 카르텔은 경쟁을 줄여 개런티 상승을 억제하고 경영자의 힘을 강화하여 연예인을 통제하기 위한 것이었다. 이런 목적을 달성하기 위해 회유와 협박, 블랙리스트가 난무했다. 카르텔의 불공정에 저항하는 연예인은 무자비하게 출연을 금지함으로써 그들의 생존을 위협했고, 이를 두려워한 연예인들은 더 이상 저항할 수 없었다.

보드빌 사업자들은 치열한 경쟁을 벌였다. 경쟁은 공연산업 내에서만 이루어지는 게 아니라 다른 장르, 다른 산업과의 사이에서도 벌어졌다. 나이키의 경쟁자는 아디다스가 아니라 오히려 닌텐도인 것이다. 경쟁은 전쟁으로 발전했다. 임프레사리오간에, 경영자와 연예인들간에,보드빌과 연극사업자간에 그야말로 혈투가 벌어졌다.

이런 험난한 과정속에서도 굳건히 자리를 지킨 건 보드빌과 동반성장한 영화였다. 영화는 저렴한 티켓가격과 대중성으로 보드빌을 물리치고 대중문화의 왕자가 된다. 보드빌은 새롭게 등장한 기술적 미디어로 인해 소멸하고 만다.

2. 보드빌의 문화적 성격

오늘날의 엔터테인먼트는 전통공연이 세련된 형태로 분화되고 전문화된 것이 다. 전통공연과 현대적 공연의 가장 큰 차이는 공연구조의 변화만이 아니라 사회적 지향성의 확대다. 건전한 오락의 정착, 민주적 변화, 표현의 확장, 산업적 성격의 강화, 네트워크의 확장, 유통체계의 확립, 타장르와의 차별화, 전문화 등이 그런 것들이다.

보드빌의 시대는 전통과 근대가 혼재하던 시기였다. 전기와 전화가 발명되었지만 말똥은 거리를 뒤덮고 있었고, 영화가 발명되었지만 아직 라이브 공연을 따라잡지 못하고 있었다. 보드빌은 전통문화를 기반으로 새로운 미래를 개척하려고 한 문화혁명이었다.

보드빌은 지역별로 행해지던 전통오락을 전국적으로 확산시킨 민주적인 연예였다. 예능에 재능있으면 누구나 참여가 가능했고, 가족 전체가 즐길 수 있었다. 엔리코 카루소와 나이트 클럽 댄서 조 프리스코(Joe Frisco)가 같은 무대에서 농

담을 하던 오락이었다.

보드빌은 이벤트라기보다는 일상적 오락이었다. 대중들의 웃음과 눈물을 적나라하게 보여주던 삶의 거울이었다. 알렉시스 토크빌은 〈미국의 민주주의〉에서 민주국가의 고유한 취미나 성향은 연극에서 가장 잘 드러난다고 하였는데, 보드빌은 대중들의 삶을 그대로 보여준 엔터테인먼트였다. 대중들이 사는 곳곳에 침투하여 그들에게 힘을 주고 고단함을 달래주던 예능이었다. 오늘날의 텔레비전이나 영화와 같은 일종의 의례였다.

보드빌은 모든 사람, 모든 인종에게 열려있던 개방된 장르이자 어떤 예능도 소화할 수 있는 유연한 장르였다. 대중들은 보드빌을 통해 다양성, 관용, 민주주의와 개인의 가치를 배울 수 있었다.

그러나 인종주의적 편견은 그대로 잔존하고 있어서, 흑인과 아시아계의 보드빌 진출은 쉽지 않았다. 보드빌은 평등을 지향했지만 불평등했고, 공정한 척 했지만 불공정했다.

• 대중문화에 대한 영향

보드빌은 영화, 텔레비전, 라디오, 뮤지컬, 나이트 클럽 등 대중문화에 큰 영향을 미쳤다. 초기 뮤지컬에는 다양성이 존재하지 않았다. 보드빌은 통일된 주제가 없었지만 코러스, 노래, 춤, 드라마적 요소 등 다양한 콘텐츠가 있었다. 뮤지컬은 이들을 결합하여 오늘날과 같은 잘 짜여진 음악극으로 거듭난다. 지그펠드 폴리스는 보드빌에서 뮤지컬로 넘어가는 장르변화의 대표적인 예다. 연극적인 넘버, 화려한 세트, 정교한 의상, 거기에 줄거리를 갖춘 이야기 등 뮤지컬적 요소를 갖추고 있었다

보드빌은 단순한 오락이 아니라 빠르게 변하던 미국 사회를 문화적으로 반영한 엔터테인먼트였다. 흑인분장을 하고 공연했던 민스트럴 쇼의 강한 영향을 받은 보드빌은 흑인문화에 대한 편견을 극복할 수 있었고, 흑인문화를 도입하여 문화를 풍요롭게 하였다.

보드빌은 공연산업의 사관학교와 같은 역할을 하였다. 마치 학생이 학교에서 교육을 받고 자신의 전공분야를 찾아가듯이 보드빌은 연예산업의 생도들을 육성하는 교육기관이었다. 공연예술가가 되는 길은 학교나 스튜디오에서 스승으로부터 배우는 일이다. 또 하나의 방식은 무대에 직접 서보는 일이다. 무대 체험이야말로 가장 좋은 스승이다. 학교에서 아무리 좋은 교육을 받아도 무대경험을 따라갈 수는 없다. 스포츠에서도 실전이 훈련보다 더 좋은 교육이라고 말하는 것은 바로 그런 이유 때문이다. 보드빌은 미국 역사상 퍼포머들에게 무대학습 기회를 제공한 훌륭한 교사였다.

보드빌은 최고의 배우 양성소였다. 연예지망생들은 어떻게 관객의 주의를 끌고 자신의 연기를 어떻게 조정할지를 배웠

다. 보드빌 극장은 일주일에 한 번씩 관객앞에서 아마추어 배우의 오디션을 실시하였다. 공연이 끝나면 전부 무대에 등장하여 관객의 평가를 받았고, 우승자는 상금과 함께 보드빌 출연기회를 가졌다. 이들은 에이전트와 계약을 체결하고 오락산업에 진출할 수 있었다. 제임스 캐그니는 '내가 아는 모든 것은 보드빌에서 배운 것'이라고 하였다.

보드빌이 없었다면 텔레비전과 영화의 성장도 어려웠을 것이다. 보드빌리언들은 나중에 텔레비전과 영화 라디오로 진출한다. 이처럼 보드빌은 미국 대중문화의 젖줄이었다. 패니 브라이스(Fanny Brice)는 아마추어 오디션에서 우승하여 보드빌 쇼에 등장하게 되고 나중에 영화에 진출한다. 프레드 아스테어는 춤에 능숙했다. 누이와 함께 춘 춤은 큰 인기를 얻었고 이를 통해 영화에 진출한다. 진저 로저스 역시 춤을 잘 추었고 보드빌을 통해 영화로 진출하였고, 진 켈리(Gene Kelly) 는 패니 브라이스처럼 아마추어 오디션에서 우승한 후 영화에 진출한다.

찰리 채플린은 1914년 영화계로 진출하기 전까지 뉴욕에서 보드빌에 출연하였다. 버스터 키튼(Buster Keaton), 에디 캔터, 윌 로저스, 텍사스 가이넌(Texas Guinan) 등의 영화배우도 보드빌 출신들이다.

그런데 보드빌리언들은 민스트럴 쇼나 벌레스크, 오페레타, 뮤지컬 코미디 등의 전통예술로부터 배우들을 확보했다.

연예인만이 아니었다. 프로그램 역시 텔레비전 등에 많은 영향을 주었다. 많은 영화의 소재는 보드빌에서 따 온 것들이었다.

문화는 이렇게 상호성을 가지며 누적적이고 모방적이다. 이를 누적적 문화(cumulative culture)라고 부른다. 공연은 과거의 재산을 오늘에 맞게 보완하고 수정하면서 성장한다. 이를 재연극화(retheatricalization) 라고 하는데, 이는 공연산업 전반에 벌어지는 현상이다.

보드빌과 영화는 누적적 문화의 좋은 예다. 연극과 보드빌은 경쟁자였지만 출연자, 프로듀서, 제재 등을 나누어 쓰던 사촌과 같았다. 보드빌은 연극과 민트스럴 쇼, 서커스 등의 전통 연극에서 많은 것을 차용하였고, 이를 영화에 물려주었다. 정극(연극)의 배우들이 보드빌로 유입되었고 보드빌리언들은 영화계로 진입했다. 보드빌은 문화를 연결하는 다리이자 저수지였다.

보드빌은 시대의 산물이자 가장 미국적인 장르였다. 모든 연예오락은 시대적 상황과 경제사회적 조건의 영향을 받는다. 보드빌은 세계의 많은 이민문화가 모인 혼종적 문화이자 멜팅 팟 장르였다. 이민자들이 아메리칸 드림을 구현할 수 있는 성공신화의 공간이었다.

3. 대중문화의 힘

대중문화의 가장 큰 힘은 공동체의 창출이다. 미국은 철도로 인해 지리적 공동체가 되었고 남북전쟁으로 정치적 공동체가 되었다. 보드빌은 문화적 공동체를 만들었다. 대중문화의 가치는 재미, 다양성, 대중성 그리고 무엇보다도 통합능력에 있다. 대중문화를 통해 시민들은 집단에 대한 소속감이나 보편적인 정서를 경험하고, 공통의 태도를 취하게 된다. 보드빌은 미국에 대한 이해를 공유하고, 민족과 인종의 다양성을 통합하여 새로운 가치를 창출함으로써 문화 공동체를 만드는데 기여했다. 흑인에 대한 편견을 약화시키고 타민족의 문화를 이해하는 데 도움을 주었다. 타민족에 대한 긍정적 반응은 그들과의 교류와 노출이 많아질수록 강화되는 것이다.

대중들은 보드빌로 인해 미국인이라는 정체성을 갖게 되었고 미국에 대한 애착과 애국심을 보유하게 된다. 남부 흑인들의 농장문화가 민스트럴 쇼에 흡수되었고, 민스트럴 쇼는 보드빌로 이어진다.

대중문화는 시대를 반영한다. 보드빌이 활기를 띠었던 시기는 도시화, 산업화의 시기와 일치한다. 보드빌은 사상 유례없는 경제성장을 경험하던 19세기 후반에 태어나서 미국인들의 감성과 시대정신을 담아냈다. 전통과 근대 사이에서 새로운 미래를 고민하던 미국인들에게 보드빌은 혼돈을 뚫고 새로운 질서로 향하는 출발점이었다.

인간은 누구나 코미디와 노래, 춤, 드라마를 좋아한다. 이는 시대와 장소, 인종을 초월한 대중들의 보편적 정서다. 보드빌은 이런 대중들의 정서를 담아낸 그릇이었다. 보드빌이라는 장르는 소멸했지만 그 근저에 흐르는 보드빌의 정신, 다양성과 대중성은 지금도 살아있다. 텔레비전의 버라이어티, 뉴 서커스, 뉴 보드빌 등의 새로운 문화운동은 보드빌의 전통을 이어받은 것이다.

저글링, 불먹기, 칼삼키기, 줄타기, 마술 등의 버라이어티 쇼는 고대 그리스와 로마, 고대 중국이나 우리나라의 삼국시대 등 모든 지역과 모든 시대에 있었다. 스포츠 이벤트, 노래자랑, 마술, 축제, 연극, 텔레비전의 쇼, 중세의 카니벌에서 현대의 많은 축제에 이르기까지 모든 엔터테인먼트의 뿌리는 버라이어티다. 춤추고 노래하고 이야기를 들으면서 울고 웃는 것, 이것이 인간적인 대중연극의 모습이다.

*

참고문헌

그린스펀, 앨런, 김태훈역. 미국자본주의의 역사, 세종, 2020.
드라이저, 시어도어. 송은주 역. 시스터 캐리, 문학동네, 2016.
알렌, 프레데릭 루이. 박진빈 역. 원더풀 아메리카, 앨피, 2006.
이형대. 미국의 지식인과 대중문화, 1890-1929.
조복행, 뮤직 홀 1. 2권 휴먼 컬처 아리랑, 2022.
토크빌, 알렉시스. 임효선, 박지동 역.미국의 민주주의 2권.

Albert F, Mclean. American Vaudeville as Ritual. Univ. of Kentucky Press, 1965.

Backer, Samuel E. 「The Informational Economy of Vaudeville and the business of American Entertainment」in Business History Review 95 (Autumn 2021): 423-446. Cambridge Univ Press, 2021.

Danielle, Herget. The vaudeville wars: William Morris, E. F. Albee, the White Rats and the business of entertainment, 1898-1932, Tufts university, 2004.

Edman, Andrew L. Blue Vaudeville, Library of Congress, 2007.

Edwards, Audra Leigh. Rediscovering Vaudeville: Influences on Film and Theatre. Butler University. 2015.

Gebhardt, Nicholas. Vaudeville Melodies: Popular Musicians and mass entertainment in American Culture. 1870-1929, Univ of Chicago Press. 2017.

Gilbert, Douglas . American Vaudeville: Its Life and Time General Publishing Company, 1940.

Hirsch ,Foster. Boys from Syracuse, Cooper Square Press, 2000.

Hirschman, Charles. The Contributions of Immigrants to American Culture. Daedalus. 2013 Summer; 142(3).

Huo, Yingze. Journal for the interdisciplinary art and education, 2(2),157-168, Texas Tech Univ. 2021.

Laughlin, Elizabeth A. The Rise of American Industrial and Financial Corporations. Gettysburg Economic Review vol 6. 2012.

Edited by Lewis, Robert M. From Travelling show to Vaudeville Johns Hopkins Univ. Press, 2003.

Lott, Eric. Love & Theft: Blackface Minstrelsy and the American working class. Oxford Univ Press, 1995.

Rose, Frank. The Agency: William Morris and the Hidden History of Show Business, Harper Business, 1996.

Slide, Anthony.The Encyclopedia of Vaudeville University Press of Mississippi, 2012.

Snyder, Robert. The voice of the city: vaudeville and popular culture. Ivan R. Dee Pub;isher. 2000.

Spitzer, Marian. The Palace, Library of Congress. 1969.

Edited by Stein, Charles W. American Vaudeville as seen by its Contemporaries. Alfred Knopf, New York. 1984.

Susan, Crutchfield. Disability Studies QuarterlyVolume 25, No. 3. Summer 2005,

Tucker, Sophie. Some of these days: The Autobiography of Sophie Tucker. Doubleday Dorand and Company Inc. 2004.

https://www.pbs.org/wgbh/americanexperience/features/century-love-triangle/

https://www.encyclopedia.com/history/encyclopedias-almanacs-transcripts-and-maps/monopolies-and-trusts

https://go.gale.com/ps/i.do?id=GALE%7CA306241387&sid=googleScholar&v=2.1&it=r&linkaccess=abs&issn=07332033&p=AONE&sw=w&userGroupName=anon%7E9d91bc1e&aty=open-web-entry

https://travsd.wordpress.com/2009/10/26/stars-of-vaudeville-68-harrigan-and-hart/

https://www.loc.gov/static/programs/national-recording-preservation-board/documents/WilliamsAndWalker1901Recordings.pdf

https://thenationaldcpolitics.org/desegregation/

https://en.wikipedia.org/wiki/The_Black_Crook